W0465437

Duden

Einfach klasse in Deutsch

2. Klasse

Wissen · Üben · Können

Dudenverlag
Mannheim · Leipzig · Wien · Zürich

**Bibliografische Information
der Deutschen Nationalbibliothek**
Die Deutsche Nationalbibliothek verzeichnet diese Publikation in der Deutschen Nationalbibliografie; detaillierte bibliografische Daten sind im Internet über http://dnb.ddb.de abrufbar.

Redaktionelle Leitung: Katja Schüler
Redaktion: Salomé Dick
Autorinnen: Ulrike Holzwarth-Raether, Angelika Neidthardt, Annette Raether und Anne Rendtorff-Roßnagel

Herstellerische Leitung: Claudia Rönsch
Layout: Petra Bachmann, Weinheim
Illustration: Barbara Scholz und Sandra Reckers
Umschlaggestaltung: Sven Rauska
Satz und Herstellung: Petra Bachmann, Weinheim
Druck und Bindung: Stürtz GmbH, Würzburg

Printed in Germany
ISBN 978-3-411-72661-5

Jetzt gehts los!

In diesem Buch findest du die wichtigsten Inhalte des Deutschunterrichts in der 2. Klasse. Es ist in vier große Kapitel aufgeteilt. Du erkennst sie an den kleinen Bildern in der Kopfzeile:

Sprache untersuchen

Richtig schreiben

Texte schreiben

Lesen

Die Kinder auf diesen kleinen Bildern begleiten dich durch den ganzen Band. Sie zeigen dir, dass es beim Lernen nicht viel anders zugeht als im Sport. Wer eine Sportart richtig gut beherrschen will, muss die wichtigsten Techniken und Spielregeln kennen, üben und trainieren. Schnell wirst du merken, dass du Fortschritte machst und dir immer mehr gelingt. Darauf kannst du dann sehr stolz sein.

Wissen
Üben
Können

Wenn du alle Übungen einer Doppelseite gelöst und mit dem **Lösungsheft** überprüft hast, kannst du das **Daumenkino**-Bild am rechten Seitenrand ausmalen. So behältst du immer den Überblick darüber, welche Seiten du schon bearbeitet hast.

Beim Training unterstützen dich das **Lernwerkzeug** auf der hinteren Ausklappseite und die Liste der wichtigsten **Fachbegriffe,** die du im Anhang findest.

Außerdem findest du das wichtigste Regelwissen zum Wiederholen und schnellen Nachlesen noch einmal als **Leporello** für die Hosentasche.

Inhaltsverzeichnis

Inhaltsverzeichnis

Texte schreiben

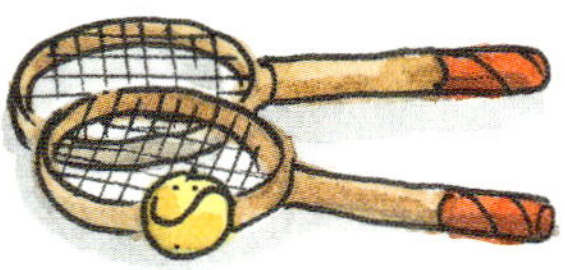

Lesen

Arbeitstipps

Der Arbeitsplatz

- Suche dir einen ruhigen Arbeitsplatz.
- Achte auf gutes Licht und frische Luft.
- Stelle dir etwas zu trinken bereit.
- Sorge für einen aufgeräumten Arbeitsplatz.
- Lege deine Arbeitsmaterialien bereit.

Die Arbeitsweise

- Finde deine beste Übungszeit heraus.
- Übe regelmäßig.
- Suche dir aus, was du üben willst.
- Teile dir den Übungsstoff gut ein: nicht zu viel und nicht zu wenig.
- Gehe gut gelaunt ans Üben.
- Arbeite konzentriert.
- Vergiss die Pausen nicht.
- Überprüfe deine Ergebnisse.
- Freue dich über deinen Erfolg.
- Zeige anderen, was du geleistet hast.

Sprache untersuchen

- ein Merkheft für Fachbegriffe anlegen
- Wörter sammeln und nach Wortarten ordnen
- Sätze nach Satzarten ordnen
- Sätze puzzeln: Sätze aufschreiben, auseinanderschneiden und neu zusammensetzen

Richtig schreiben

- Silben trommeln, stampfen, klatschen
- Silben hüpfen und zählen
- Zeichen erfinden für: deutlich sprechen, genau hören, in Silben gliedern
- Merkwörterlisten anlegen
- ein Fehlerheft anlegen
- Abc-Spiele erfinden

Texte schreiben

- Nachrichten auf Zettel schreiben
- Wunsch- und Einkaufszettel schreiben
- Briefe und Postkarten schreiben
- E-Mail-Partner suchen
- ein Tagebuch führen
- ein Geschichtenheft anlegen

Lesen

- feste Lese- und Vorlesezeiten einrichten
- eine persönliche Leseecke einrichten
- alles Mögliche lesen: Zeichen, Schilder, Beschriftungen, Fernsehprogramme, Spielanleitungen …
- einen Leseausweis besorgen und Bücher ausleihen
- über den Inhalt von Büchern und Texten sprechen

Das Alphabet

Wissen und Verstehen

Die Buchstaben unserer Sprache sind nach dem Abc geordnet.
Das Abc nennt man auch Alphabet.

Aa Bb Cc Dd Ee Ff Gg Hh Ii Jj Kk Ll Mm
Nn Oo Pp Qq Rr Ss Tt Uu Vv Ww Xx Yy Zz

Üben 1

Welche Lexikonbände fehlen? Ergänze die Reihe.

Üben 2

Wie heißen die Nachbarbuchstaben?

Wissen und Verstehen

Aa, Ee, Ii, Oo, Uu sind Buchstaben, die ohne Hilfe eines anderen Lautes klingen. Sie heißen deshalb Selbstlaute oder Vokale. Alle anderen Buchstaben sind Mitlaute oder Konsonanten.

a bee zee dee e eff gee ha i jott ka ell emm

enn o pee ku err ess tee u fau wee iks üpsilon zett

Üben 1

Welche Selbstlaute fehlen? Trage sie ein.

Jojo	S_l_t	_f_	S_f_	_n_n_s
			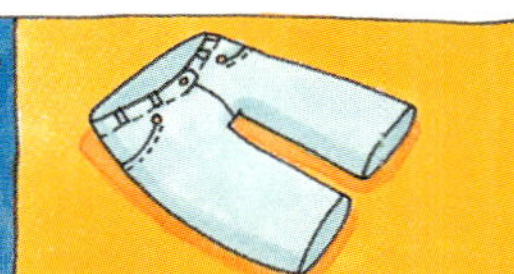	
Z_br_	S_l_m_	R_k_t_	H_s_	B_n_n_

Üben 2

Welche Mitlaute fehlen? Bilde Reimwörter.

Tee	Kanne	Rind	Laus
_ee	_anne	_ind	_aus
_ee	_anne	_ind	_aus

Umlaute und Doppellaute

Wissen und Verstehen

Ää, Öö, Üü sind Selbstlaute mit Pünktchen. Sie heißen Umlaute.

die S**ä**ge   der L**ö**we   die Bl**ü**te

Au/au, Ai/ai, Ei/ei, Eu/eu, Äu/äu sind Doppellaute.

das **Au**to   der H**ai**   das **Ei**s   die **Eu**le   die M**äu**se

Üben 1 Setze die passenden Wörter ein.

ä	ö	ü	Ä	Ö	Ü	ä	Ö	ü
					g			

Üben 2 Kreise alle Doppellaute ein.

euneurueunerueuuennueunerneenreunuuueeuuennunn

aiboiaoaipiaiioaaiboiaoaipiiaoaiaiboiaoaippiaiioaiooiai

eieielceileielcieeilleiieeileielcieeilleiieieeilleiieeileielci

auvoaauuavoaauvaoaaauvoaauuavoaauvauvoaauuavoaa

äuvöväuüuäuvöväuüuvääuäuvöväuüuvääuäävääuäuvääu

Wissen und Verstehen

Jedes Wort besteht aus einer oder mehreren Silben.
Jede Silbe hat einen Selbstlaut, einen Umlaut oder einen Doppellaut.

der Fisch   die Blü te   lau fen

Üben 1

Lies die Wörter laut. Kennzeichne die Silben mit Silbenbögen.
Trage die Anzahl der Silben ein.

Eis	1	Badetasche	
Riesenkänguru		Regenbogen	
Schokoladenfabrik		Mantelknopf	
Erdbeermarmelade		Taschentuch	

Üben 2

Verbinde die passenden Silben.

schwim	fen	Schu	stift	klet	nen
wer	men	Blei	le	tan	chen
rei	fen	Ta	se	ko	zen
lau	ten	Pau	fel	tur	tern

Silben untersuchen

Üben 3 Trage die Wörter nach Silben getrennt in die Kästchen ein.
Kreise in jeder Silbe den Selbstlaut, den Umlaut oder den Doppellaut ein.

Hund

Re	gen	wurm

Regenwurm

Dromedar

		fin	

Zebrafinken

Haubenmeise

Zitronenfalter

		pin		

Königspinguin

Verkehrte Welt

Extrarunde

Wer ist länger? Der Regenwurm oder der Wal?
Suche kleine Tiere mit einem langen Namen
und große Tiere mit einem kurzen.

Können Bist du fit?

Kannst du Selbstlaute und Mitlaute, Umlaute und Doppellaute unterscheiden?

n ä S Ei ai E b

a e ö ü u ei

i o Ä T K P T

eu äu p U F C

Überlege:

- Klingt der Buchstabe ohne Hilfe eines anderen Lautes?
- Klingt der Buchstabe mithilfe eines anderen Lautes?
- Findest du Selbstlaute mit Pünktchen?
- Stehen zwei verschiedene Selbstlaute nebeneinander? Klingen sie wie ein einziger Laut?

Kreise auf der Trainingskarte die Selbstlaute, die Mitlaute, die Umlaute und die Doppellaute in der entsprechenden Farbe ein.

Wie viele Selbstlaute hat dein Name?

Nomen erkennen

Wissen und Verstehen

Mit Nomen (Namenwörtern oder Substantiven) werden Personen, Tiere, Pflanzen und Dinge bezeichnet.

das Kind   der Hund   die Tulpe   der Stuhl

Auch was wir fühlen, denken oder uns vorstellen, bezeichnen wir mit Nomen.

die Liebe   der Traum   die Zukunft   der Hunger

Üben 1

Suche die Nomen. Markiere sie.

			B	A	B	Y		O
	B	I	E	N	E			P
S			A	R	Z	T	T	A
O							U	
N		M	Ö	W	E		L	B
N	T					P	P	A
E	I		H			F	E	U
	G		O			E		M
F	E	N	S	T	E	R		
	R		E			D		

Üben 2 Überprüfe die Nomen. Entscheide und kreuze an.

	Kann ich es sehen, anfassen oder zählen?	Kann ich es haben oder fühlen?
 der Löwe		
der Husten		
die Ferien		
 die Schlange		
 die Sterne		
 das Fahrrad		
der Unfall		
 der Kuss		
der Durst		
 das Wasser		
die Luft		
 die Angst		
die Liebe		

Bestimmter und unbestimmter Artikel

Wissen und Verstehen

Nomen haben einen Begleiter, den Artikel.
Wenn du eine bestimmte Person oder Sache meinst, heißt es:

der Arzt **die** Lampe **das** Kino

Wenn du irgendeine Person oder Sache meinst, verwende:

ein Arzt **eine** Lampe **ein** Kino

Üben 1

Ist der Artikel bestimmt oder unbestimmt? Kreuze an.

	bestimmter Artikel	unbestimmter Artikel
die Ampel		
ein Laster		
das Auto		
ein Fahrrad		
eine Straße		

Üben 2

Trage den unbestimmten und den bestimmten Artikel ein.

ein	Baum	der	Baum
....	Hund	....	Hund
....	Katze	....	Katze
....	Kind	....	Kind
....	Haus	....	Haus

Wissen und Verstehen

Nomen kommen in der Einzahl (Singular) und in der Mehrzahl (Plural) vor. Bezeichnet ein Nomen nur ein Ding oder Lebewesen, dann steht es in der Einzahl. Die Mehrzahl bildest du, wenn du zwei oder mehrere Dinge oder Lebewesen benennen willst.

das Kind – die Kinder   der Brief – die Briefe

Üben

Suche die passende Mehrzahl. Rahme sie in der entsprechenden Farbe ein.

 ein Vogel	 zwei Kühe	 ein Pferd	 viele Fische
 ein Hase	 ein Hund	 viele Ameisen	 eine Maus
 drei Pferde	 viele Mäuse	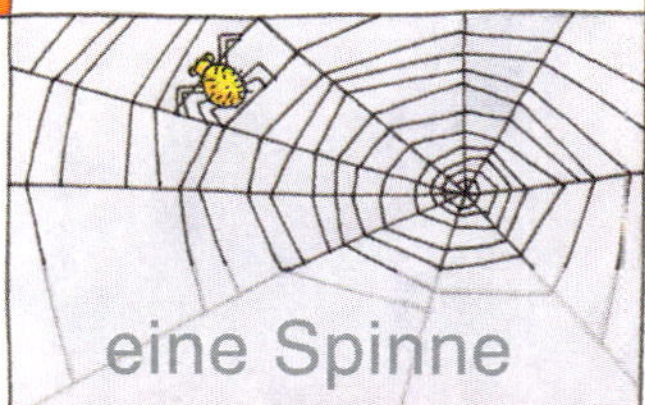 eine Spinne	 viele Hasen
 eine Ameise	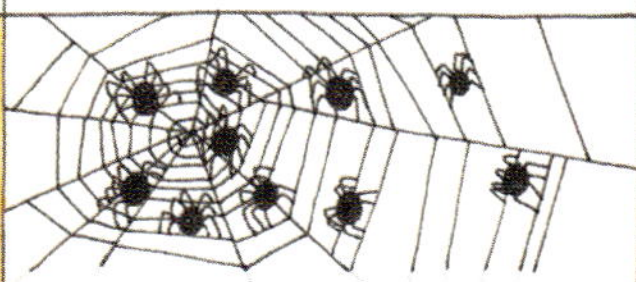 viele Spinnen	 eine Katze	 viele Vögel
 ein Fisch	 eine Kuh	 mehrere Hunde	 viele Katzen

Sammelnamen

Wissen und Verstehen

Viele Nomen können mit einem Sammelnamen zusammengefasst werden.

Spielzeug: der Ball, die Puppe, der Teddy, das Auto

Tiere: der Goldfisch, die Qualle, das Zebra

Üben

Ordne die Wörter richtig zu. Trage auch den fehlenden Sammelnamen ein.

die Jacke, der Saft, der Kakao, der Bleistift, die Hose, der Früchtetee, der Füller, der Buntstift, der Kinderkaffee, die Limonade, die Gummistiefel, die Kreide, die Strümpfe, der Kuli, das T-Shirt

Kleidung

Schreibzeug

Getränke

....

die Säge, der Hammer, der Bohrer, die Zange, der Schraubenzieher

Wissen und Verstehen

Du kannst zwei oder mehrere Nomen zu einem Wort zusammensetzen. Dann beschreibt es einen Menschen oder einen Gegenstand besonders genau.

der Fuß + der Ball = **der Fußball**
die Feder + der Ball = **der Federball**

Üben 1

Bilde zusammengesetzte Nomen.

das Vogel _ _ _ _

die Saft _ _ _ _ _ _ _

der See _ _ _ _

der Regen _ _ _ _ _ _

das Wind _ _ _

der _ _ _ hund
der _ _ _ _ _ schirm
das _ _ _ _ rad
die _ _ _ _ flasche
das _ _ _ _ _ haus

Üben 2

Wie viele Wörter stecken in diesen zusammengesetzten Nomen? Trenne die Wörter ab und zähle sie.

Apfel|saft|flasche	3	Schifffahrt	
Kindergartentasche		Vogelei	
Haustürschlüssel		Fußballweltmeister	
Stofftier		Schokoladenkuchen	

Nomen ersetzen

Wissen und Verstehen

Nomen kannst du durch **er**, **sie**, **es** ersetzen. Diese Wörter können für Personen, Tiere, Pflanzen oder Dinge stehen.

Der Hund bellt. **Er** ist wütend.
Meine Freundin lacht. **Sie** freut sich
Das Auto bleibt stehen. **Es** ist kaputt.

Üben

Ersetze die Nomen durch **er**, **sie** oder **es**.

Da liegt meine Katze.

___ schnurrt.

Frank hält den Ball.

__ ist der Torwart.

Miriam liest ein Buch.

__ ist spannend.

Papas Auto bleibt stehen.

__ ist kaputt.

Cem lernt Deutsch.

__ kommt aus Ismir.

Boris lacht gern.

__ ist fröhlich.

Oma und Opa kommen.

Was bringen ___ mit?

Wissen und Verstehen

Adjektive (Wiewörter oder Eigenschaftswörter) geben an, wie Menschen, Tiere, Pflanzen oder Dinge sind. Sie können auch sagen, wie jemand etwas tut.

Die Maus ist **klein**. Die Maus rennt **schnell**.

Wenn Adjektive zwischen Artikel und Nomen stehen, verändern sie ihre Form.

Die **kleine** Maus rennt.

Üben 1

Kreuze die passende Antwort an.

Wie ist der Igel?

stachelig ☐

glatt ☐

Wie ist das Ei?

rund ☐

oval ☐

Wie ist der Junge?

wütend ☐

traurig ☐

Wie fährt das Auto?

schnell ☐

langsam ☐

Wie springt das Känguru?

langsam ☐

weit ☐

Wie singen die Kinder?

laut ☐

leise ☐

Wie ist die Jacke?

rot ☐

blau ☐

grün ☐

Wie ist der Luftballon?

leicht ☐

schwer ☐

kaputt ☐

Wie ist das Wetter?

sonnig ☐

neblig ☐

wolkig ☐

Adjektive verändern sich

Üben 2

Markiere die Stellen, an denen sich das Adjektiv verändert.

Grundform	veränderte Form
fröhlich	die fröhlichen Kinder
stark	ein starkes Mädchen
hungrig	das hungrige Baby
klug	die kluge Kusine
nett	ein netter Freund

Üben 3

Trage die richtige Form ein.

der faule ....
faul

ein ....
lang

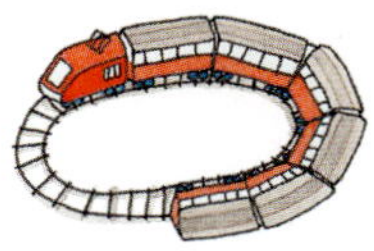

ein ....
winzig

eine ....
leicht

mein ....
dick

das ....
gesund

die ....
frisch

die ....
grün

eine ....
kalt

ein ....
hell

Wissen und Verstehen

Du kannst aus einem Nomen und einem Adjektiv ein zusammengesetztes Adjektiv bilden. Dann beschreibt es eine Eigenschaft oder eine Tätigkeit besonders genau.

der Blitz + schnell = **blitzschnell**

Üben 1

Bilde zusammengesetzte Adjektive. Verbinde.

der Schnee	das Eis	weiß	hart
die Feder	der Stein	neu	kalt
der Nagel	die Kugel	leicht	rund
der Himmel	der Zucker	blau	süß

Üben 2

Trage die zusammengesetzten Adjektive ein.

federleicht			

Verben erkennen

Wissen und Verstehen

Mit Verben (auch Tuwörter oder Tunwörter) kannst du sagen, was geschieht oder was getan wird. Verben haben eine Grundform.

helfen   singen   basteln   donnern

Üben

Was tun Tiere im Zoo? Kreise ein.

Wissen und Verstehen

Verben verändern im Satz ihre Form, je nachdem, wer etwas tut.

Ich helf**e** dir. **Du** sing**st** im Chor.

Es donner**t** und blitz**t**. **Wir** schwimm**en** im See.

Üben 1

Verbinde die Grundform der Verben mit den passenden Sätzen.

essen

singen

weinen

Patrick springt.

Es regnet.

Anne singt.

Nike weint.

Paul und Nele essen.

springen

regnen

Üben 2

Trage die richtigen Verbformen ein.

Grundform: malen

ich-Form: ich male

du-Form: ....

er-Form: ....

wir-Form: ....

Grundform: bauen

ich-Form: ....

du-Form: ....

sie-Form: ....

wir-Form: ....

Verbformen ergänzen

Üben 3 Ergänze die richtige Verbform.

Sina .... in ihr Tagebuch.

Vater .... das Baby.

Mutter .... am Computer.

Der Hund .... an einem Knochen.

Paul und Jonas ....

Opa .... auf dem Klo.

Der Fernseher ....

Die Katze ....

Der Kanarienvogel ....

Können Bist du fit?

Kannst du Wortarten bestimmen?

KORB FRÖHLICH BUNT TELEFON SPIELEN SONNE
ANGST WARM KIND SCHMERZ WÜTEND STUHL
LIEBE REGNEN TISCH KINO KALT KLEIN
SCHNELL SCHOKOLADE REGENFASS BELLEN
KRATZEN ESSEN BUCH BÜCHER BÄRENSTARK

Überlege:

Ist es ein Nomen?
- Kann ich es anfassen, sehen, zählen?
- Kann ich es haben oder fühlen?
- Kann ich einen Artikel vor das Wort setzen?
- Gibt es das Wort in der Einzahl oder Mehrzahl?

Ist es ein Verb?
- Tut jemand etwas oder geschieht etwas?
- Kann ich **ich**, **du**, **wir** … vor das Wort setzen?

Ist es ein Adjektiv?
- Sagt es, wie jemand oder etwas ist?
- Kann ich das Wort zwischen einen Artikel und ein Nomen setzen?

Unterstreiche auf der Trainingskarte:
Nomen blau, Verben rot und Adjektive grün.

Kurze und lange Sätze

Wissen und Verstehen

Aus Wörtern kann man Sätze bilden. Jeder Satz hat einen Anfang und ein Ende. Es gibt lange und kurze Sätze.

Der Hund bellt.

Der kleine Hund bellt laut im Garten.

Üben

Immer vier Sätze gehören zusammen. Ordne sie der Länge nach.

☐ Ich bade.

☐ Ich bade in der großen Badewanne.

☐ Ich bade in der großen Badewanne mit viel Schaum.

☐ Ich bade in der Badewanne.

☐ Hanna schreibt einen langen Brief.

☐ Hanna schreibt einen Brief.

☐ Hanna schreibt.

☐ Hanna schreibt einen langen Brief an Opa.

☐ Milan rennt schnell.

☐ Milan rennt schnell zum Bus nach Frankfurt.

☐ Milan rennt schnell zum Bus.

☐ Milan rennt.

Wissen und Verstehen

Mit Aussagesätzen kannst du etwas erzählen oder mitteilen.
Am Ende eines Aussagesatzes steht ein Punkt.

Sport ist mein Lieblingsfach.

Mit Fragesätzen kannst du nach etwas fragen.
Am Ende steht ein Fragezeichen.

Wann kommst du?

In einem Ausrufesatz rufst du etwas aus oder anderen etwas zu.
Am Ende steht ein Ausrufezeichen.

Beeil dich!

Üben

1 Bestimme die Satzarten. Ergänze Punkt ., Fragezeichen ? oder Ausrufezeichen !.

Der Fragesatz – der Aussagesatz

Üben 2 Verbinde die Fragen mit den passenden Antworten.
Setze die Satzzeichen.

Fragen	Antworten
Spielen elf oder zehn Spieler in einer Fußballmannschaft?	Nein, der Schiedsrichter leitet ein Fußballspiel
Leitet der Torwart ein Fußballspiel	Eine Halbzeit dauert 45 Minuten
Dauert eine Halbzeit 45 Minuten oder eine Stunde	In einer Mannschaft spielen 11 Spieler.
Gibt es beim Fußball grüne Strafkarten	Ja, die erste und zweite Liga sind die Bundesliga
Gilt ein Schuss gegen die Latte als Tor	Nein, ein Lattenschuss ist kein Tor
Heißt die erste Liga im Profifußball Bundesliga	Nein, die Strafkarten sind gelb und rot

Fragewörter

Extrarunde

Wenn man Einzelheiten über etwas wissen möchte, beginnt man den Fragesatz oft mit einem Fragewort: Wann? Wo? Wohin? Kennst du noch mehr Fragewörter?

Können Bist du fit?

Kannst du Satzarten unterscheiden?

Möchtest du ein Stück Pizza

Das Essen ist fertig

Hände waschen

Gibt es Nachtisch

Igitt, da sind ja Oliven drauf

Ich decke den Tisch

Kommt endlich

Wo ist mein Messer

Überlege:

Ist es ein Aussagesatz?

- Wird in diesem Satz etwas erzählt oder mitgeteilt?
- Geht meine Stimme am Satzende nach unten?

Ist es ein Fragesatz?

- Gibt es eine Antwort auf diesen Satz?
- Fängt der Satz mit einem Fragewort an: Wer, Wo, Warum?
- Gehe ich mit der Stimme am Ende des Satzes nach oben?

Ist es ein Ausrufesatz?

- Kann ich diesen Satz laut rufen?

Trage auf der Trainingskarte die richtigen Satzzeichen ein.

Wörter aufschreiben

Wissen und Verstehen

In unserer Sprache gibt es Laute und Buchstaben. Wenn du sprichst, verwendest du Laute. Laute kannst du hören. Wenn du etwas aufschreibst, brauchst du Buchstaben. Buchstaben kannst du lesen.

T – o – m – a – t – e – n – s – a – l – a – t

Üben

Höre jeden Laut ab. Schreibe das Wort auf.

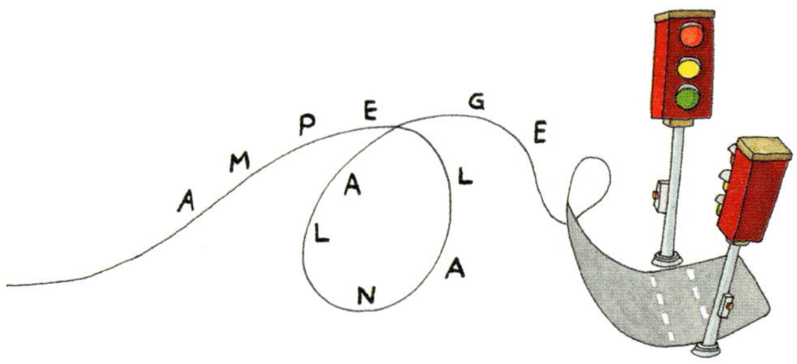

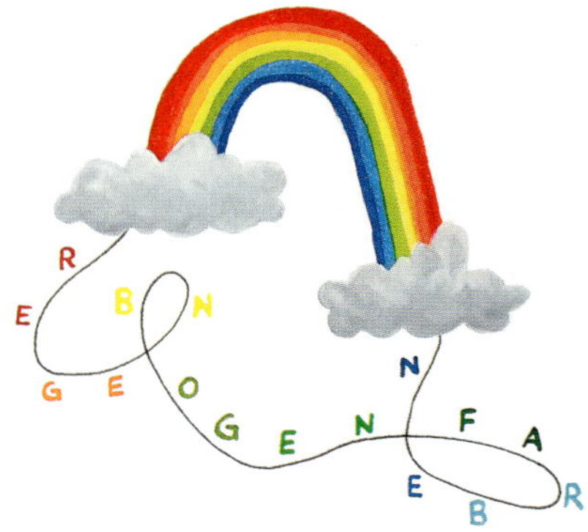

Wissen und Verstehen

Lange und schwierige Wörter lassen sich leichter schreiben, wenn du sie in Silben gliederst.

die Pflau men ku chen re zep te

Üben 1

Sprich jedes Wort deutlich. Schreibe es in Silben auf.

Kinderwagen

Kin gen

Regenbogen

Zirkusdirektor

Üben 2

Welche Wörter findest du? Schreibe sie in Silben auf.

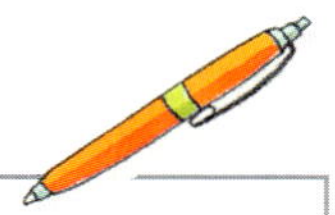

♦ SON	SA	♦ KU	BRIL	BER	LE
GEL	♦ GUR	NEN	SCHREI	KEN	LAT

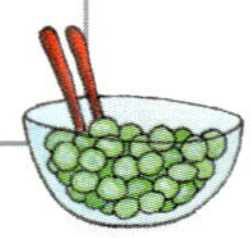

♦ Son

♦

♦

Buchstabenverbindungen mit sch, ng, ch

Wissen und Verstehen

Es gibt in unserer Sprache mehr Laute als Buchstaben. Deshalb braucht man manchmal mehrere Buchstaben für einen Laut.

sch – die Ta**sch**e   **ng** – der Ri**ng**   **ch** – die A**ch**t, das Li**ch**t

Üben

Trage **ch**, **ng** oder **sch** ein.

	D	a		
K	r	a		
K	n	o		en
	L	o		
	K	u		en
	B	u		

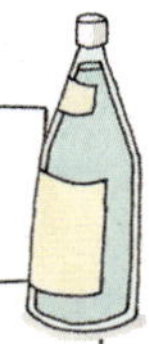

F	l	a		e
	m	i		en
	B	u		
K	i	r		e
	T	i		
	w	a		en

	K	l	a		
s	p	r	i		en
		j	u		
		s	i		en
		l	a		
		Z	a		e

	L	i		t
	K	ü		e
	d	i		
	l	ei		t
sch	l	e		t
	m	i		

Wissen und Verstehen

St/st, Sp/sp sind schwierige Laute, weil sie anders gesprochen als geschrieben werden.

Du sprichst: **scht** **schp**
Du schreibst: **St/st** **Sp/sp**
der **St**uhl **sp**rechen

Üben

1 Suche im Rätselgitter die Wörter mit St und Sp. Schreibe sie neben die passenden Bilder.

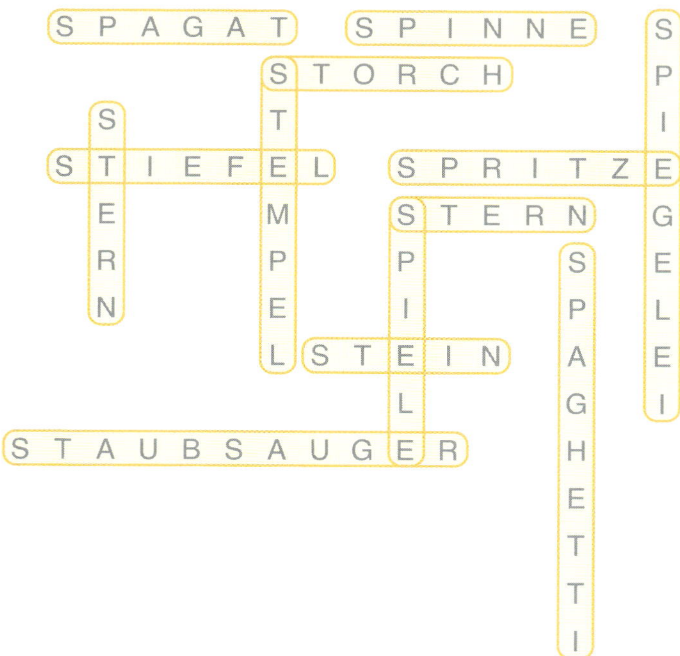

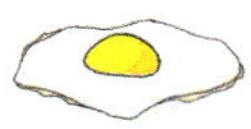 Spiegelei ....

 ....

 ....

 ....

 ....

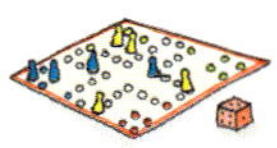 ....

 ....

 ....

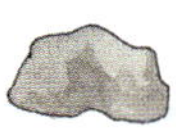 ....

 ....

 ....

 ....

Sp/sp und St/st im Anlaut

Üben 2 Setze sp oder st ein.

Es _ _ritzt.	Es _ _uckt.	Sie _ _rickt.

Er _ _eigt.	Wir _ _ringen.	Sie _ _empeln.

Sie _ _ielen.	Sie _ _ößt sich.	Es _ _rampelt.

Üben 3 Welches Adjektiv passt?

stumpf | stolz | spannend | sparsam

Wie ist ein Messer, das nicht schneidet? ....

Wie ist jemand, der nicht viel Geld ausgibt? ....

Wie muss ein guter Krimi sein? ....

Wie bist du, wenn du etwas geleistet hast? ....

Wissen und Verstehen

Der Laut (kw) wird anders geschrieben als gesprochen.
Du hörst den Laut (kw) und schreibst Qu/qu.

der **Qu**atsch   **qu**ieken   be**qu**em

Üben

Trage die Wörter in die passenden Kästchen ein.

Qualle, Quark, quaken, bequem, quer, Quadrat, quietschen, Kaulquappe, quatschen, Quartett, Quiz, quieken, Quelle, Qualm

Quelle

V im Anlaut

Wissen und Verstehen

Der Buchstabe **V** kann wie (w) oder wie (f) ausgesprochen werden.

der **V**ater   der **V**ulkan

Üben

Sprich die Wörter deutlich. Ordne sie danach, wie sie am Anfang klingen, und schreibe sie auf.

Vase	Vier	Ventilator	Vogel	Verband

Vulkan	Vampir	Vater	Ventil	Veilchen

(W) Vase

Vogel (F)

Wissen und Verstehen

äu und eu kann man im gesprochenen Wort nur schwer unterscheiden. Auch ä und e klingen ähnlich.

die **Bäu**me – die **Eu**le die **E**nte – **ä**ndern

Du schreibst ä, wenn es ein verwandtes Wort mit a gibt.
Du schreibst äu, wenn es ein verwandtes Wort mit au gibt.

die **Ä**pfel – der **A**pfel die Tr**äu**me – der Tr**au**m

Üben

Fülle die Tabelle aus.

	Das verwandte Wort heißt:	Ich schreibe:
	das Haus	die Häuser

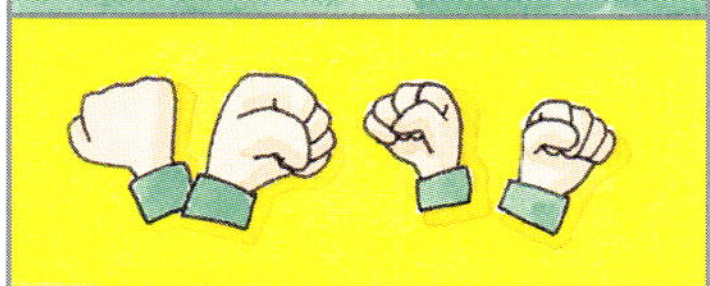		

Harter und weicher Anlaut

Wissen und Verstehen

Die Buchstaben D und T, B und P, G und K am Anfang eines Wortes klingen ähnlich. Du kannst sie leicht verwechseln. Beim Schreiben dieser Buchstaben hilft dir die Pusteprobe.

der **G**arten – die **K**arten   der **D**eich – der **T**eich

Üben

Sieh dir die Bilder an. Sprich jedes Wort deutlich aus und überprüfe mit der Pusteprobe. Streiche aus, was nicht dazu gehört. Warum passt immer ein Wort nicht?

.... gehört nicht dazu, weil

....

.... gehört nicht dazu, weil

....

.... gehört nicht dazu, weil

....

Können Bist du fit?

Kannst du in diesen Wörtern die schwierige Stelle erkennen?

spielen die Quelle viele die Bäume die Karte

heute singen die Trommel bequem der Ring

der Staub träumen stoßen der Quatsch

spannend der Vulkan die Leute das Papier

Überlege:

- Gibt es in dem Wort ein Qu/qu?
- Gibt es in dem Wort ein V/v?
- Gibt es in dem Wort eine Stelle mit ng?
- Gibt es in dem Wort ein äu oder eu?
- Gibt es in dem Wort eine Stelle mit Sp/sp oder St/st?
- Gibt es am Anfang des Wortes ein T, ein K oder ein P?

Untersuche jedes Wort auf der Trainingskarte.
Markiere die schwierigen Stellen.
Schreibe die sechs Wörter heraus, die du am schwierigsten findest.

....

....

....

Der betonte Selbstlaut

Wissen und Verstehen

Beim Sprechen wird in jedem Wort eine Silbe betont.

das Kind   die Schu le   das Kro ko dil

Alle anderen Silben werden nicht betont.

Ra sen mä her   Le se buch sei te

Üben 1

Sprich die Wörter. Welche Silbe betonst du? Zeichne das Betonungszeichen ↘ ein.

schwim men   Re gen   ba den   du schen   Son ne

Was ser   Mu scheln   Sand   Strand   Schau fel   Wel le

Schiff   Ru der boot   Him mel   Wol ke   Hut   Kin der

Ball   sam meln   Kie sel stei ne   Som mer   Son nen strah len

Üben 2

Trage die richtigen Selbstlaute in den betonten Silben ein.

a   e   i   o   u

B a l l   R _ g e n   H _ m m e l   s _ m m e l n

b _ d e n   S c h _ f f   W _ l k e   M _ s c h e l

Wissen und Verstehen

Der Selbstlaut in einer betonten Silbe kann kurz oder lang klingen.

die Hüte – die Hütte   strafen – straffen   wir – wirr

Üben

Überprüfe die Wörter, indem du sie laut und deutlich sprichst. Ist der betonte Selbstlaut kurz oder lang? Trage die passenden Wortpaare ein.

das Beet	die Hütte	strafen	der Herr	die Hüte	der Ofen
still	der Schall	offen	das Schiff	der Stiel	wirr
der Wal	die Hasen	hoffen	das Bett	schief	straffe
der Wall	das Heer	der Schal	hassen	wir	der Hof

● kurzer Selbstlaut	— langer Selbstlaut
das Bett	das Beet

● kurzer Selbstlaut	— langer Selbstlaut

Doppelte Mitlaute nach kurz gesprochenem Selbstlaut

Wissen und Verstehen

Nach einem kurz gesprochenen Selbstlaut folgen oft zwei gleiche Mitlaute.

die Pu**pp**e   kä**mm**en   ne**tt**

Üben

Ergänze die fehlenden doppelten Mitlaute.

Was Krach macht

tro_ _eln

pra_ _eln

kli_ _en

brü_ _en

ll rr mm ss

Wie etwas sein kann

bla_ _

gla_ _

schne_ _

kru_ _

mm ll tt ss

In der Natur

der Flu_ _

der So_ _er

die Spi_ _e

die Gri_ _e

ss nn ll mm

In der Küche

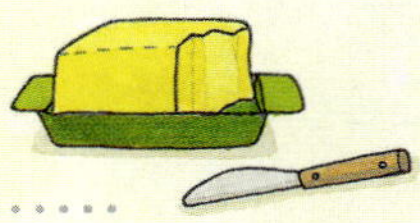

Suche Beispiele mit doppelten Mitlauten.

Wissen und Verstehen

Viele Wörter mit einem langen Selbstlaut werden so geschrieben wie sie gesprochen werden.

das L**a**ma l**e**ben r**o**t

In manchen Wörtern wird der lange Selbstlaut durch das Dehnungs-h verlängert.

der Z**ah**n f**üh**len h**oh**l

Üben

Gehe vier verschiedene Wege. An welchen Wörtern kommst du vorbei? Schreibe sie auf.

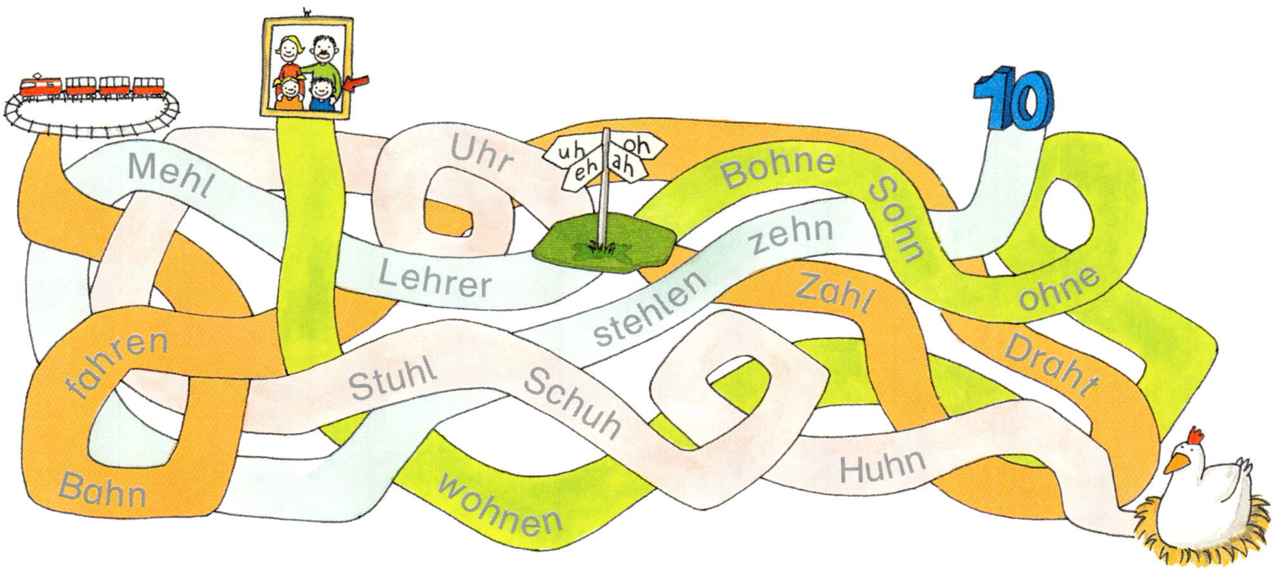

Uhr ....

....

....

....

Lang gesprochene Selbstlaute: ie, aa, oo und ee

Wissen und Verstehen

Wörter mit einem lang gesprochenen **i** werden meistens mit **ie** geschrieben.

die W**ie**se   sp**ie**len   l**ie**b

Auch die Verdoppelung des Selbstlauts ist ein Dehnungszeichen.

der S**ee**   das P**aa**r   das B**oo**t

Üben 1

Löse das **ie**-Silbenrätsel.

Bie- -gel mie- -ne -nen nie-

Schie- -se -sen Spie- -ten Wie-

Gräser wachsen auf der ....

Der Zug fährt auf den ....

Eine Wohnung kann man ....

Du siehst dich im ....

Ein Tier, das stechen kann: ....

Bei Schnupfen musst du ....

Üben 2

Setze die Nomen richtig zusammen. Male an.

Heidel saal Braut beere Segel paar Fest boot

Können: Bist du fit?

Kannst du kurz gesprochene und lang gesprochene Selbstlaute unterscheiden?

die Waage das Boot leer das Tier frieren
lieb die Zahl sehr die Treppe das Schaf
sieben zehn
lesen die Tasse
rot rennen schnell
leben nass trommeln

Überlege:

Spreche ich den betonten Selbstlaut **kurz**?

- Stehen nach dem kurzen Selbstlaut zwei gleiche Mitlaute?

Spreche ich den betonten Selbstlaut **lang**?

Ist es ein Wort mit Dehnungszeichen?

- Ist es ein Wort mit Dehnungs-h?
- Ist es ein Wort mit ie?
- Ist es ein Wort mit doppeltem Selbstlaut?

Kennzeichne auf der Trainingskarte alle Wörter mit kurz gesprochenem Selbstlaut mit: •.
Kennzeichne alle Wörter mit langem Selbstlaut so: —.
Kreise die Wörter mit einem doppelten Mitlaut ein.
Markiere die Dehnungszeichen.

Nomen-Endungen: el und er

Wissen und Verstehen

Die Wortbausteine el und er stehen oft am Ende eines Nomens. Du musst deutlich sprechen, damit du sie genau hörst und richtig schreibst.

die Taf**el** der Brud**er**

Üben

Bilde Nomen mit den Wortbausteinen el und er. Schreibe sie mit ihrem Artikel auf.

Vog
Gab
Schauk
Mant
Amp
Beut
Schauf

el

Räub
Käf
Vat
Tig
Eim
Leit
Kilomet

er

der Vogel ....

der Räuber ....

Wissen und Verstehen

Die meisten Verben enden in der Grundform mit dem Wortbaustein **en**.

lach**en** schimpf**en**

Im Satz verändert sich diese Form.

Lukas lach**t**. Ich schimpf**e**.

Besonders aufpassen musst du bei der Verbindung mit dem Wortbaustein **st**.

Du lach**st**. Du schimpf**st**.

Üben

Trage die richtigen Verbformen ein.

Grundform	du-Form	er/sie/es-Form
hüpfen 	du	er ....
lachen 	du	er ....
singen 	du	er ....
trinken 	du	er ....
weinen 	du	es ....

Wortbausteine: Vor/vor und Ver/ver

Wissen und Verstehen

Die Wortbausteine **Ver/ver** und **Vor/vor** klingen am Anfang wie (f). Sie werden aber mit **V/v** geschrieben.

verlieben die **V**orsicht

Üben

Bilde mit den Wortbausteinen **Ver/ver** und **Vor/vor** neue Wörter. Schreibe sie auf.

Ver, ver: sprechen, tragen, laufen, Schluss, Band

Vor, vor: lesen, bei, Speise, Fahrt, Name

....

....

....

....

Ver-flixt! Extrarunde

Auf die Plätze fertig los! Bist du endlich fertig? Ich bin fix und fertig!
Die Silbe **fer** in dem Wort fertig hat nichts mit dem Wortbaustein **ver** zu tun. Sie wird deshalb mit **f** geschrieben.
Kennst du noch andere Wörter mit der Silbe **Fer/fer**?

Können Bist du fit?

Kannst du schwierige Wortbausteine in Wörtern erkennen?

der Vorname du wäschst vorkommen du spielst

du lebst verirren das Wetter der Verband

vorlesen er rennt die Vorsilbe verfilmen der Hagel

sie kämpft versprechen du kennst der Verdacht

Überlege:

- Ist es ein Wort, das mit dem Wortbaustein Vor/vor oder Ver/ver beginnt?
- Ist es ein Nomen, das auf el oder er endet?
- Ist es ein Verb, das auf en, st oder t endet?

ver-irrt

Kreise auf der Trainingskarte die Wortbausteine Vor/vor und Ver/ver ein.
Unterstreiche die Nomen-Endungen el und er blau.
Unterstreiche die Verb-Endungen en, st und t rot.

Schreibe aus der Trainingskarte die Wörter heraus, die du am schwierigsten findest.

....

....

....

Großschreibung von Nomen

Wissen und Verstehen

Nomen werden großgeschrieben. Die meisten anderen Wörter schreibst du klein.

die **B**lume das **K**ind der **T**isch die **F**reude

Üben

Lies die Nomen. Ordne die Wörter und trage sie ein. Kreise den ersten Buchstaben ein.

der Freund ~~die Hilfe~~ der Pullover die Frage die Wolke

der Hunger die Tante der Spaß die Rose die Wut

die Katze der Schmerz die Ärztin die Angst der Elefant die Hitze

Kann ich anfassen, sehen oder zählen: Menschen, Tiere, Pflanzen, Gegenstände

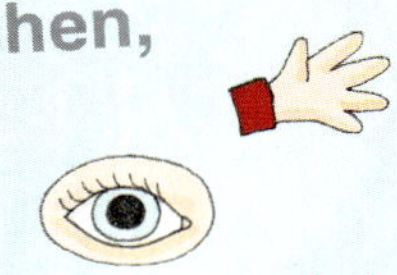

....

....

....

....

....

Kann ich haben oder mir vorstellen: Gefühle, Empfindungen

die (H)ilfe

....

....

....

....

....

Wissen und Verstehen

Nomen erkennst du an ihrem bestimmten oder unbestimmten Artikel. Der Artikel steht nicht immer direkt vor dem Nomen.

der Hund **die** süße **K**atze **ein** dickes, fettes **H**uhn

Üben

Verbinde den Artikel mit dem Nomen und trage den richtigen Anfangsbuchstaben ein.

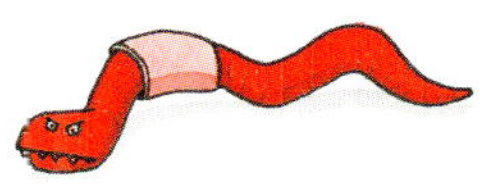

das	spannende	☐	uch
ein	riesiger	☐	lefant
eine	saure	☐	itrone
die	große	☐	ngst
die	hübsche, alte	☐	hr
der	erfolgreiche	☐	portler
das	leckere, süße	☐	is
ein	gefährlicher	☐	urm

Namen über Namen

Extrarunde

Eigennamen werden meistens ohne Artikel benutzt. Trotzdem werden sie großgeschrieben. Was sind deine Lieblingsnamen?

Der Satzanfang

Wissen und Verstehen

Das erste Wort im Satz wird immer großgeschrieben.
Nach einem Punkt, einem Fragezeichen oder einem Ausrufezeichen schreibst du groß weiter.

Ich gehe ins Kino. **K**ommst du mit?

Üben

Bilde Sätze. Ordne sie und schreibe sie auf. Setze die richtigen Satzzeichen und kennzeichne den Satzanfang.

Ich gehe ....

....

....

....

....

Kannst du die Regeln der Großschreibung anwenden?

lissis fahrrad ist kaputt. ein reifen ist platt.
das licht brennt nicht. die klingel ist locker.
die rostige kette hängt durch.
so ein ärger!
warum kriege ich kein neues fahrrad?
opa repariert so gerne.

Überlege:

Ist das Wort ein Nomen?

- Kann ich mit dem Wort einen Menschen, ein Tier, eine Pflanze, einen Gegenstand oder ein Gefühl bezeichnen?
- Hat das Wort einen bestimmten oder unbestimmten Artikel?
- Kann ich mit dem Wort die Mehrzahl bilden?
- Ist das Wort ein Eigenname?

Steht das Wort am Satzanfang?

- Steht das Wort nach einem Punkt?
- Steht es nach einem Fragezeichen?
- Steht es nach einem Ausrufezeichen?

Welche Wörter auf der Trainingskarte werden großgeschrieben? Berichtige den Text. Unterstreiche die Nomen.

Ideen sammeln

Wissen und Verstehen

Wer eine Geschichte schreiben will, braucht Ideen. Deine Einfälle kannst du sammeln und aufschreiben. Entscheide dich dann für ein Erlebnis.
Überlege, was du besonders genau und spannend erzählen willst.

Üben 1

Schreibe Wörter auf die Sonnenstrahlen, die dir zum Thema **Sommer** einfallen.

Eis essen

Üben 2

Schreibe auf, was dir am Sommer gefällt.

Ich kann im See baden.

Üben 3 Lies, was Nina im Sommer erlebt hat. Suche eine passende Überschrift. Beantworte die Fragen.

....

An meinem Geburtstag im Juli war es sehr heiß. Ich ging mit meinen Freundinnen Julia und Lisa zur Eisdiele. Dort durfte sich jede ein großes Eis kaufen. Auf dem Weg nach Hause verlor ich meine Sandale und stolperte. Mit einem Platsch fiel mein Eis auf die Straße. „O, nein!“, rief ich. „Das kann doch nicht wahr sein!“ Mein Eis schmolz auf dem Pflaster. Ich war sehr enttäuscht. Meine Freundinnen trösteten mich und teilten ihr Eis mit mir. Zur Sicherheit setzten wir uns auf eine Bank. Das passiert mir nicht noch einmal.

Wer erlebt etwas?

....

Was ist geschehen?

....

....

....

....

Wie endet die Geschichte?

....

....

....

Wissen und Verstehen

Damit die Leserinnen und Leser deine Geschichte gut verstehen, musst du sie in der richtigen Reihenfolge erzählen. Mit unterschiedlichen Satzanfängen wird deine Geschichte abwechslungsreicher.

Üben 1

Diese Geschichte ist durcheinandergeraten. Lies die Abschnitte und nummeriere sie in der richtigen Reihenfolge. Richtig geordnet erhältst du ein Lösungswort.

☐ Zuerst wurden unsere Gesichter bemalt. Aus Bändern und Federn stellten wir einen Kopfschmuck her. Jetzt sahen wir alle wie richtige Indianer aus. EU

☐ Am letzten Samstag feierte Max seinen Geburtstag. Er hatte uns zu einem Indianerfest eingeladen. F

☐ Als es dunkel war, grillten wir noch Würstchen am Lagerfeuer. Erst spät wurden wir von unseren Eltern abgeholt. Das war ein schöner Geburtstag. R

☐ Im Wald suchten wir einen Schatz. Nach 15 Minuten sollten alle Kinder wieder am Haus sein. Aber wo war Max? Laut riefen wir nach ihm. Da kam er humpelnd angelaufen. Er war über eine Wurzel gestolpert und hatte sich am Knie verletzt. Nachdem Leo ein Pflaster auf die Wunde geklebt hatte, konnte er wieder mitspielen. E

1	2	3	4

Üben 2 Nummeriere zuerst die Bilder in der richtigen Reihenfolge. Schreibe dann Sätze zu den Bildern. Gib dem Mädchen einen Namen.

mit dem Fahrrad fahren | Blumen pflücken | Mama überraschen

Vase mit Wasser füllen | Vase auf den Tisch stellen | zu Abend essen

Genau erzählen

Wissen und Verstehen

Mit treffenden Wörtern kannst du etwas genau erzählen.
Verwende nicht immer nur **sagen**. Man kann laut und leise oder auf eine besondere Art sprechen:

rufen, schreien, kreischen, flüstern, tuscheln, jammern, schluchzen

Üben

1 Schau dir das Bild an.
Schreibe passende Sätze in die Sprechblasen.

Wörter ersetzen

Üben 2 Ersetze **sagen** durch ein Verb, das besser passt.
Schreibe dieses Verb in der richtigen Form auf die Linie.
Lies die verbesserten Sätze.

sich entschuldigen | bitten | antworten | murren | ~~schimpfen~~ | fragen

Mama ~~sagt~~ schimpft: „Mit eurem Ball habt ihr die schönen Blumen abgeknickt.“

„Es tut mir leid. Das wollte ich nicht“, ~~sagt~~ .... Lukas.

„Warum geht ihr nicht auf den Fußballplatz?“, ~~sagt~~ .... Mama.

Lukas ~~sagt~~ ....: „Markus hat heute nicht viel Zeit.“

„Dann spielt vor dem Haus“, ~~sagt~~ .... Mama, „aber passt auf, dass ihr kein parkendes Auto beschädigt.“

„Nirgends kann man richtig spielen“, ~~sagt~~ .... Lukas und holt vorsichtig seinen Ball aus dem Blumenbeet.

Eine Einleitung finden

Wissen und Verstehen

Wenn du eine Geschichte schreiben willst, brauchst du einen guten Anfang. Die Leser wollen wissen, wo und wann etwas passiert und wer die Hauptpersonen sind.

Üben 1

Zu diesem Bild passt nur ein Geschichtenanfang. Kreuze ihn an.

☐ Am letzten Samstag wollte Räuber Rollo im Keller nach seinem gestohlenen Schatz schauen. Er hatte ihn in einem großen Topf versteckt. Als er den Deckel hob …

☐ Hexe Kräuterfix mixte bei Vollmond in ihrer großen Hexenküche gerade einen neuen Zaubertrunk. Als sie das letzte Kraut hineinwarf …

☐ In den Herbstferien kochte ich mit meiner Oma in ihrer kleinen Küche eine Gemüsesuppe. Als ich einen Moment nicht hinschaute, passierte es …

Wenn du möchtest, kannst du einen Geschichtenanfang weitererzählen.

Üben 2

Unterstreiche in den Einleitungssätzen oben jeweils die Hauptperson grün (wer?), den Ort, an dem die Geschichte beginnt, blau (wo?) und die Zeit rot (wann?).

Üben 3 Schreibe mit diesen Stichwörtern einen kurzen Geschichtenanfang.

kleiner Igel | mein Freund Stefan und ich | finden | in den letzten Herbstferien | auf der Straße

....

....

....

Üben 4 Denke dir zu diesem Bild einen kurzen Geschichtenanfang aus.

Kettengeschichte

Extrarunde

Erzähle zusammen mit deinen Freunden eine Kettengeschichte. Einer beginnt mit dem Geschichtenanfang. Die anderen hören genau zu. Nach ein paar Sätzen erzählt der Nächste weiter. Wie geht die Geschichte aus?

Eine Überschrift suchen

Wissen und Verstehen

Jede Geschichte braucht eine Überschrift. Sie soll die Leser neugierig machen. Sie darf aber nicht zu viel vom Inhalt deiner Geschichte verraten.

Eine Geschichte braucht auch einen Schluss.

Üben

1 Lies die Geschichte. Wähle eine passende Überschrift aus und schreibe sie auf.

....

Als ich in den Keller ging, um mein altes Feuerwehrauto zu holen, war es draußen schon dunkel. Ich konnte den Lichtschalter nicht gleich finden. Auf den untersten Kellerstufen bekam ich schreckliche Angst. Schnell rannte ich wieder nach oben. Aber was war das? Von hinten näherten sich Schritte. „Hoffentlich haben sich hier keine Einbrecher versteckt“, dachte ich ängstlich. Da packte mich jemand an den Schultern und schüttelte mich. Vor Schreck wachte ich auf. Meine Mutter hatte versucht, mich zu wecken. Ich war froh, dass ich nur geträumt hatte.

- Im dunklen Keller
- Angst im Dunkeln
- Der schreckliche Traum
- Das alte Feuerwehrauto
- Am frühen Morgen

Üben 2 Lies die Geschichte. Wie könnte sie ausgehen? Schreibe einen passenden Schluss und überlege dir eine Überschrift.

Vor den Ferien hatten wir früher Schulschluss. Meine Schwester Sofia und ich waren deshalb vor Mama zu Hause. Wir wollten sie mit einem Obstsalat überraschen. Sorgfältig wuschen wir die Äpfel und Birnen, schälten die Bananen und Kiwis und schnitten alles in kleine Stücke.

Als ich die Glasschüssel aus dem Schrank nehmen wollte, fiel sie auf den Steinboden. Sie zersprang in kleine Stücke. „O je, was soll ich nur machen?“, dachte ich erschrocken. „Kannst du nicht aufpassen!“, schimpfte Sofia. Schnell holte ich den Besen und

Wissen und Verstehen

Mit zusammengesetzten Nomen kannst du etwas genauer beschreiben. Unter einer **Stofftasche** kann man sich etwas Genaueres vorstellen als unter einer **Tasche**.

Üben

Verbinde jedes Bild mit einem passenden Nomen.
Schreibe das zusammengesetzte Nomen mit Artikel auf.

	Salat	der Apfelsaft
	Schüssel	
	Saft	
	Tier	
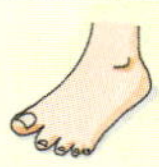	Haus	
	Bein	
	Ball	

Extrarunde

Wortrekord!

Sportlehrerumkleidekabinenhandtuchhalter – ein ganz schön langes Wort. Aber es geht noch länger! Wer findet das längste zusammengesetzte Nomen?

Kannst du treffende Verben verwenden?

Ein Zwischenfall auf dem Schulweg

Wie jeden Morgen gehe ich mit Lisa zur Schule. Wir gehen langsam[1] an den Geschäften vorbei. Wir merken, dass es schon spät ist, und rennen los. Doch da rennt[2] ein Junge um die Ecke. Ich stoße mit ihm zusammen. Am Bein verletzt gehe[3] ich weiter. „So ein Pech“, denke ich, „jetzt kann ich bestimmt nicht mitturnen!“
Wir kommen zu spät zur Schule. Leise gehen[4] wir in die Turnhalle. Ich bin traurig, dass ich nicht auf dem Trampolin springen kann.

Überlege:
- Ist die Geschichte mit treffenden Verben genau und abwechslungsreich erzählt?
- Wiederholen sich Wörter?

Auf der Trainingskarte sind einige Verben unterstrichen. Sie sollen durch besser passende ersetzt werden. Wähle treffende Verben aus und ordne sie den nummerierten Verben auf der Trainingskarte zu.

Wortfeld „gehen“

trippeln	bummeln	schreiten
schleichen	drängeln	sausen
hasten	humpeln	hetzen

Lies die Geschichte mit den von dir ausgesuchten Verben.
Klingt sie besser? Findest du noch andere Wörter für **gehen**?

Ein Tier beschreiben

Wissen und Verstehen

Wenn du etwas genau beschreiben willst, benutze treffende Adjektive. Sie sagen, wie Menschen, Tiere und Dinge sind und welche Eigenschaft sie haben.

bunt laut ängstlich schnell

Mit Adjektiven kannst du auch vergleichen.

messerscharf: so scharf wie ein Messer
kastanienbraun: so braun wie eine Kastanie

Üben

1 Im Zauberwald haben Kinder ein scheues Tier entdeckt. Sie geben ihm den Namen Haarlix.
Sieh dir Haarlix genau an. Auf den Notizzetteln steht, wie er aussieht. Ergänze die Notizen.

riesengroß
kastanienbraune Augen
zottiges, ...
Fell

kleine, runde Ohren
messerscharfe Krallen
lange, spitze ....
....

Üben 2 Beschreibe das Aussehen des Ungeheuers in ganzen Sätzen. Die Stichwörter auf den Notizzetteln helfen dir dabei.

Haarlix ist ....

....

....

....

....

Üben 3 Überlege dir, was Haarlix alles kann und wie er sich verhält. Hier darfst du dir etwas ausdenken. Die Wortkärtchen helfen dir dabei.

Haarlix tapst langsam durch den Wald.

Er kann laut ....

....

....

....

....

....

....

....

~~laut~~

ängstlich

hungrig

misstrauisch

scheu

~~langsam~~

Einen Gegenstand beschreiben

Üben 4 In dieser Beschreibung fehlt noch etwas! Wähle die passenden Nomen und Adjektive aus und schreibe sie in die Lücken.

Meine Fingerpuppe ist ein lustiger Pirat. Er hat einen .... Kopf aus .... Seine Nase ist .... und .... Er hat .... Augen und einen .... Bart aus ....

Auf seinem Kopf sitzt ein .... Piratenhut aus ....

Über seinem .... Hemd aus .... trägt er eine .... Jacke. Am linken Arm hat er einen Haken aus .... In der rechten Hand hält er einen .... Säbel.

Üben 5 Beschreibe den Gegenstand, ohne den Gegenstand selbst zu nennen. Achtung: Zwei Merkmale sind jeweils falsch. Streiche sie durch. Lies dein Rätsel jemandem vor.

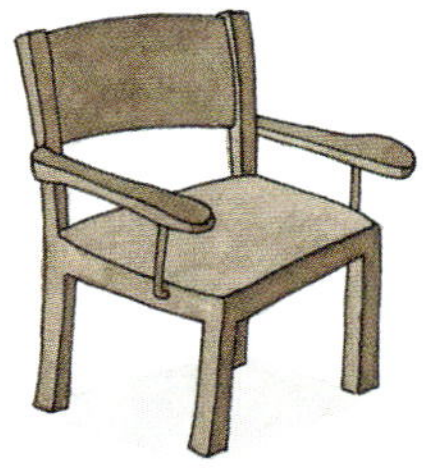

aus Holz ~~zerbrechlich~~ braun Fahrzeug
mit vier Beinen mit zwei Armlehnen Möbelstück

Mein Gegenstand ist ....

....

....

Sportgerät durchsichtig hellblau
rund aufblasbar aus Leder eckig

....

....

....

Gebäude dunkelrot weich Kleidungsstück
aus Wolle mit Reißverschluss langärmlig

....

....

....

Eine Anleitung schreiben

Wissen und Verstehen

Wenn du einen Weg beschreiben oder eine Anleitung zum Kochen oder Backen schreiben willst, ist die genaue Reihenfolge wichtig. Treffende Verben helfen dem Leser oder der Leserin, sich alles genau vorzustellen. Durch verschiedene Satzanfänge wird der Text abwechslungsreicher.

Üben

1 Schreibe die fehlenden Zutaten auf die Liste.

Ananasquark

1 Päckchen Vanillezucker

3 Esslöffel Ananassaft

Schokoladenstreusel

2 Esslöffel Zucker

4 Scheiben ....

1 Päckchen ....

Welches Küchengerät fehlt? Schreibe auf.

Schneebesen

Rührschüssel

4 Gläser

....

Üben 2 Schreibe auf, wie du Ananasquark zubereitest. Die Notizzettel helfen dir dabei.

Quark mit Zucker, Vanillezucker und Ananassaft schaumig rühren.

Zuerst rühre ich

4 Scheiben Ananas in Stücke schneiden und unter den Quark heben.

Danach schneide ich

Quark in vier Gläser füllen und mit Schokoladenstreusel verzieren.

Zuletzt fülle ich

Mein Lieblingsgericht Extrarunde

Verschenke doch einmal dein Lieblingsrezept! Schreibe es auf ein schönes Blatt, rolle es zusammen und verschnüre es mit einem Geschenkband.

Treffende Verben auswählen

Üben 3 Lies, was Sophie und Linus in der Küche tun. Ersetze **machen** durch ein treffendes Verb.

Sophie und Linus können

im Ofen einen Kuchen (machen) backen ....,

einen Teig in der Schüssel (machen) ....,

das Zuckerpäckchen (aufmachen) ....,

mit dem Messer Käse (abmachen) ....,

auf dem Herd eine Suppe (machen) ....,

Geschirr im Spülbecken (saubermachen) ....,

den Mixer (ausmachen) ....,

Gemüse für die Suppe (kleinmachen) ....

Üben 4 Lies die Anleitung zum Plätzchenbacken. Wähle für jeden Satz ein Verb aus, das genau sagt, was zu tun ist. Umrande das treffende Verb.

Mit den Händen den Teig kräftig
schütteln   kneten   schlagen .

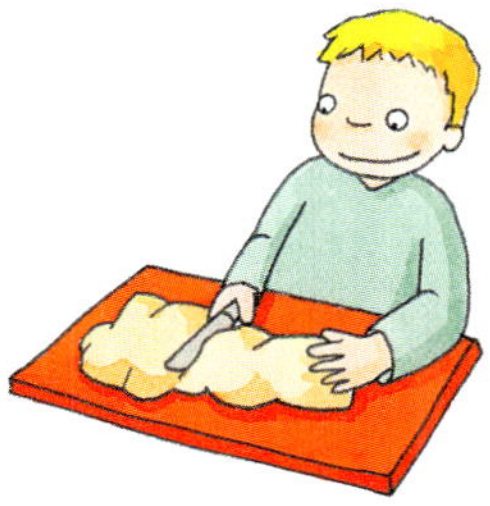

Danach ein Teigstück mit dem Messer
abschneiden   abreißen   abmachen .

Mit Mehl
behandeln   bewerfen   bestäuben

und mit einem Nudelholz dünn
andrücken   ausbreiten   ausrollen .

Anschließend verschiedene Figuren
ausstechen   herstellen   machen

und auf ein Backblech
legen   geben   setzen .

Zwei Eigelb
stampfen   verquirlen   schütteln

und die Plätzchen bestreichen.

Das Backblech in den heißen Backofen
tun   schieben   geben

und 15 Minuten bei 200 Grad backen.

Passende Satzanfänge auswählen

Üben 5 Philip beschreibt seinen Schulweg. Schreibe die Satzanfänge von den Kärtchen auf die Linien. Achte dabei auf die Großschreibung.

.... gehe ich aus dem Haus und schließe die Haustür. .... wende ich mich nach rechts und laufe den Gehweg entlang bis zur Fußgängerampel.

.... warte ich, bis es Grün wird. Wenn alle Autos stehen, überquere ich die Straße auf dem Zebrastreifen.

.... gehe ich nach links. .... sehe ich auf der rechten Seite die Schule.

.... überquere ich den Schulhof.

zuletzt | auf der anderen Straßenseite | danach | zuerst | dort | nach ungefähr 300 Metern

Üben 6 Kannst du deinen eigenen Schulweg beschreiben? Achte auf abwechslungsreiche Satzanfänge.

Können Bist du fit?

Kannst du treffende Adjektive und Nomen finden?

Suchanzeige

Am Montag hat Nils in der Sporthalle einen hellblauen Schuh verloren. Er hat zwei Streifen und an der Außenseite einen Stern. Verschlossen wird der Schuh mit einem Klettverschluss. Die grüne Gummisohle hat tiefe Rillen. Das Innenfutter ist aus weichem Frotteestoff.

Überlege:

- Ist der gesuchte Gegenstand mit treffenden Adjektiven so beschrieben, dass man ihn wiedererkennt?
- Werden zusammengesetzte Nomen verwendet? Helfen sie, den Gegenstand genau zu beschreiben?

Umrande auf der Trainingskarte alle treffenden Adjektive. An welcher Stelle fehlt ein wichtiges Adjektiv? Setze im Text ein Zeichen V und schreibe das Adjektiv dazu. Unterstreiche alle zusammengesetzten Nomen.

Welche Art von Schuh wird gesucht? Schreibe ein zusammengesetztes Nomen auf.

Gesucht wird ein ....

Eine Notiz schreiben

Wissen und Verstehen

In einem Brief kannst du Freunden oder Verwandten etwas erzählen, Glückwünsche schicken oder jemanden einladen.

Diese Teile gehören dazu: das Datum: 15.8.2007
die Anrede: Liebe / Lieber
der Gruß: Viele Grüße
und die Unterschrift: Dein Felix

Üben

1 Kerstin geht zu ihrer Freundin Carolin. Sie will dort ihr Buch holen, sonst kann sie keine Hausaufgaben machen. Kerstins Mutter kommt bald nach Hause. Schreibe für Kerstin eine kurze Nachricht an ihre Mutter.

Hallo Mama,

ich gehe schnell ....

....

....

....

....

Liebe Grüße, bis gleich

Kerstin

Üben 2 Kristina möchte eine Postkarte aus den Ferien schreiben. Sie hat sich Notizen gemacht:

Wetter ist schön

Ferienwohnung liegt nah am See

schon viel gebadet

Wasser ist sehr kalt

8. August ……………………

Liebe Oma,

hier am Gardasee ist das Wetter ……………………………………

……………………………………………………………………

……………………………………………………………………

……………………………………………………………………

……………………………………………………………………

Üben 3 Schreibe die Adresse von Kristinas Oma in der richtigen Reihenfolge auf die Postkarte.

Ich heiße Lina Schmitt und wohne im Buchweg 19 in Gründorf. Unsere Postleitzahl ist 89341.

…………………………………………… Name

…………………………………………… Straße, Hausnummer

…………………………………………… Postleitzahl, Ort

Eine Einladung schreiben

Üben 4 Auf der Einladung zu Kevins Geburtstagsfest fehlen noch wichtige Angaben: Für wen ist die Einladung? Wann und wo findet etwas statt? Wer lädt ein? Ergänze sie.

Samstag, den 22. Juli | Garten | 15 Uhr | Kevin | Katrin | Geburtstagsfest

Liebe ....

zu meinem .... lade ich Dich

herzlich ein. Wir feiern am ....

in unserem .... Wir beginnen

um .... Meine Eltern bringen

gegen 19 Uhr alle Kinder wieder

nach Hause. Ich freue mich,

wenn Du kommst.

Dein ....

Kannst du bei einem Brief die vier wichtigen Teile erkennen?

4. Mai

Liebe Tante Anna,
vielen Dank für Dein Päckchen zum Geburtstag. Der blaue Turnbeutel mit den lustigen Tieren gefällt mir sehr gut. Meine Turnsachen passen alle hinein und ich hatte ihn schon zweimal im Sportunterricht dabei.
Schade, dass Du nicht zu meinem Geburtstagsfest kommen konntest. Mama hatte eine riesige Torte gebacken. Ich freue mich, dass Du bald wieder aus Amerika zurückkommst.

Deine Julia

Überlege:
Hat der Brief:
- eine Anrede,
- einen Gruß,
- eine Unterschrift?

Steht am rechten Briefrand das Datum?

Umrande auf der Trainingskarte
die Anrede rot
die Unterschrift blau
das Datum grün

Welcher wichtige Teil fehlt? Ergänze ihn an der richtigen Stelle.

Zeichen und Schilder

Wissen und Verstehen

Lesen bedeutet verstehen. Auch Bilder und Zeichen kannst du lesen.
Überall auf der Welt verstehen Menschen diese Zeichen.

Baustelle

Rollstuhlfahrer

Üben 1 Was bedeuten diese Zeichen? Verbinde jedes Bild mit dem richtigen Text.

Üben 2 Kennst du diese Verkehrszeichen? Verbinde jedes Zeichen mit der richtigen Bedeutung. Zwei Begriffe bleiben übrig.

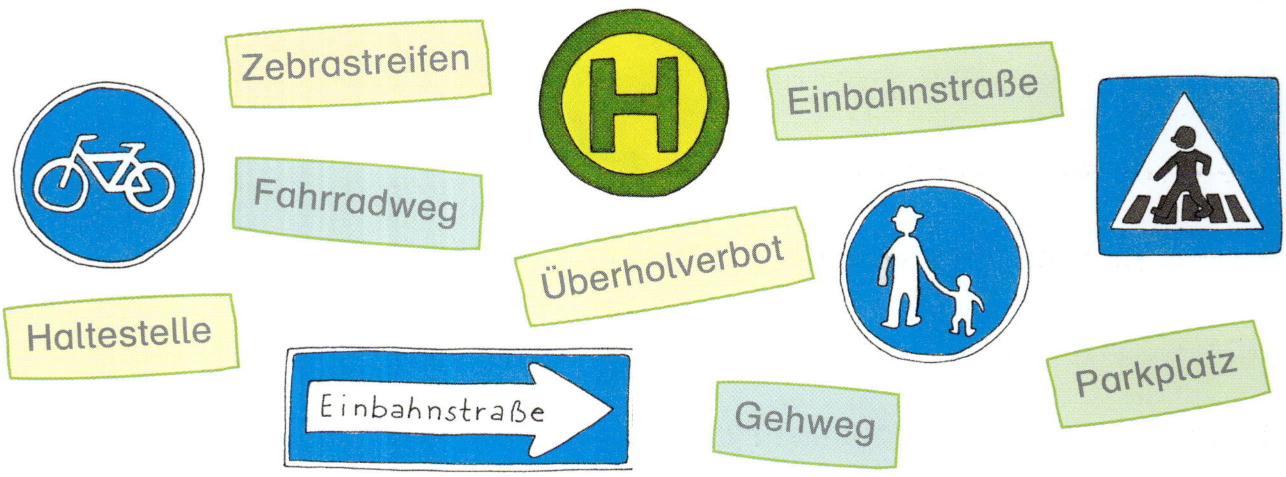

Wissen und Verstehen

Ein Bild kannst du genauso verstehen wie Wörter und Sätze. Sogar eine ganze Geschichte kann aus Bildern bestehen. Auch die Einzelheiten auf einem Bild sind wichtig! Achte zum Beispiel auf die Farben.

Üben 1

Sieh dir das Bild genau an und beantworte dann die Fragen.

Wie viele Kinder spielen im Sandkasten? ....

Welche Farbe hat der Ball? ....

Gibt es auf dem Spielplatz eine Sitzbank? ....

Siehst du ein Kind mit einem Fahrrad? ....

Ist das Kind mit dem Roller ein Junge? ....

Sind auch Tiere auf dem Bild zu sehen? ....

Wie viele Kinder sind auf der Rutsche? ....

Eine Bildgeschichte lesen

Üben 2 In dieser Geschichte stehen an einigen Stellen keine Wörter, sondern Bilder. Du kannst die Geschichte trotzdem gut verstehen.

Ein Regentag

Es regnet. 

Jessica und Paul spielen in Pauls Zimmer.  

  falten Schiffchen aus Papier. 

Fünf  sind schon fertig.

Da klingelt es an der Tür.

Maria kommt und will   abholen. 

 sieht die  und ruft:

„Die  können wir draußen gut gebrauchen!

Wir lassen sie auf einer Pfütze schwimmen. 

Zieht eure Gummistiefel an und kommt mit! 

Wir können mit  in die  springen.

Es  auch nicht mehr!"

Bildgeschichten basteln

Extrarunde

Fast jede Geschichte kannst du in eine Bildgeschichte verwandeln. Versuch es einmal mit der Geschichte auf Seite 57 oder denk dir selbst eine Geschichte aus.

Kannst du Bilder und Zeichen lesen?

Wenn du ein Bild verstehen willst, dann überlege:

- Wer ist auf dem Bild zu sehen?
- Was passiert gerade?
- Was hat welche Farbe?
- Habe ich auf alle Einzelheiten geachtet?

Male auf der Trainingskarte die Dinge an, die noch ohne Farbe sind:
Der Lehrer hat eine blaue Sporthose an.
Das Kind mit den Zöpfen unter dem Baum trägt ein gelbes T-Shirt.
Das Kind mit der Stoppuhr hat eine rote Kappe auf.

Stimmen diese Sätze? Kreuze an.

	stimmt	stimmt nicht
Auf der Wiese blühen gelbe Blumen.	☐	☐
Die Lehrerin trägt ein rotes T-Shirt.	☐	☐
Die beiden Kinder mit den Bällen haben rote Hosen an.	☐	☐

Reimwörter finden

Wissen und Verstehen

Manche Wörter klingen am Ende gleich. Man nennt sie Reimwörter. Viele Reimwörter unterscheiden sich nur durch einen einzigen Buchstaben.

Dach – Bach

Üben 1

Suche die Reimwörter und verbinde sie mit einem Strich.

Tisch	Dose	Tee	Kessel
Hase	Buch	Wal	Kanne
Turm	Nase	Bauch	Schnee
Tuch	Fisch	Sessel	Rauch
Hose	Wurm	Tanne	Schal

Üben 2

Suche die passenden Reimwörter und schreibe sie auf. In dem Kasten kannst du sie zwischen anderen Wörtern finden.

 Schuh ....

 Haus ....

 Tasche ....

 Hund ....

Auto
Kuh 
Bild
 Flasche
 Maus
Katze
Igel
Mund 
Blume

Wissen und Verstehen

Beim schnellen Lesen achtest du nicht auf jeden einzelnen Buchstaben. Du erkennst das Wort als Ganzes. Sogar wenn Buchstaben fehlen oder schwer zu lesen sind, kannst du das Wort noch verstehen.

Üben 1

Florians Sportsachen liegen überall in seinem Zimmer herum. Suche die Sachen auf dem Bild und verbinde die richtigen Wörter mit den Gegenständen.

Ball Sporthose

Kappe

Stoppuhr

Rollschuhe Turnschuhe Knieschützer

Üben 2

Schau dir die Bilder genau an. Was passt nicht? Ändere in jedem Wort einen Buchstaben und schreibe das passende Wort neben das Bild.

Bluse  Blume .... Beil  ....

Fisch  .... Name  ....

Kopf  .... Gras  ....

Vertauschte Wörter finden

Wissen und Verstehen

Wenn du einen Satz genau liest, kannst du feststellen, ob Wörter vertauscht sind oder ob ein Wort zu viel im Satz ist. Am leichtesten ist es, wenn du den Satz laut liest.

Üben

1 In diesen Sätzen stehen manche Wörter an der falschen Stelle. Markiere sie mit deiner Lieblingsfarbe. Schreibe den Satz richtig.

Meine Oma gut kann kochen. ....

Ich wünsche einen mir Hund. ....

Im Winter ist kalt es oft. ....

Das Essen steht Tisch auf dem. ....

Viele essen Kinder gerne Pizza. ....

Ein Elefant hat einen Rüssel langen. ....

....

Macht den Lesetest! Extrarunde

Schreibe einen Satz auf, in dem Wörter an der falschen Stelle stehen, und zeige ihn deinen Freunden. Wer findet den Fehler am schnellsten und wird Leseprofi?

Üben 2 In diesen Sätzen ist immer ein Wort zu viel. Lies die Sätze laut und streiche das falsche Wort durch.

 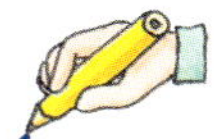

In Büchern sind ~~alt~~ oft Geschichten und Bilder.

In der Pause kalt rennen die Kinder auf den Schulhof. 

Der Hund knurrt und braun bellt laut. 

 Beim Sport braucht man Halle gute Turnschuhe.

Im Sommer essen wir gerne malen Erdbeereis und Vanilleeis. 

Viele Menschen gut benutzen zum Lesen eine Brille. 

 Obst und Gemüse ist Vitamine sehr gesund.

Man darf nur Rot bei Grün über die Straße gehen. 

Jedes Fahrrad Helm hat einen Sattel und einen Lenker. 

Üben 3 Suche auch in diesen Sätzen ein Wort, das du durchstreichen kannst. Was passiert mit den Sätzen? Kreuze an.

Meine Mama mag keine Milch.

An diesem Baum wachsen nie Kirschen.

Ich möchte nicht in diesem See baden.

Die Sätze bedeuten jetzt ☐ das Gleiche,
☐ das Gegenteil.

Sätze vervollständigen

Wissen und Verstehen

Wenn du genau liest und das zum Text gehörende Bild genau anschaust, kannst du fehlende Wörter in einem Satz finden und ergänzen.

Üben 1

Sieh dir das Bild gut an. Entscheide dann in jedem Satz, welches Wort passt. Streiche das falsche Wort weg.

Auf dem Zebrastreifen geht ein Mädchen. / Junge.

Das kleine Kind fährt mit einem Dreirad. / Roller.

Auf der Bank sitzt ein Mann und singt. / liest.

Das Baby im Kinderwagen lacht. / weint.

Üben 2

Hier fehlt das letzte Wort. Schreibe es dazu.

Heute scheint die ....

Auf dem Schulhof toben viele ....

Drei Kinder spielen mit einem ....

Die Lehrerin steht an der ....

In der Pause essen die Kinder ....

Kannst du Wörter und Sätze genau lesen?

Ein schöner Tag

Letzten Sonntag war ich mit laufen meiner Familie im Schwimmbad. Meine Freundin schnell durfte auch mitkommen. Wir kalt waren fast die ganze Zeit im Wasser. Vor allem haben wir Hut tauchen geübt. Am Ende durften wir uns noch Hund ein Eis kaufen. Das war ein sehr schöner Sonne Tag.

Überlege:

- Habe ich jedes Wort ganz genau gelesen?
- Sind falsche Wörter dabei?
- Fehlen Wörter oder sind zu viele Wörter im Satz?

Auf der Trainingskarte ist in jedem Satz ein Wort zu viel.
Streiche diese Wörter mit deiner Lieblingsfarbe durch.

Schreibe die durchgestrichenen Wörter hier noch einmal auf.
Überlege dir zu jedem Wort ein Reimwort.

....

....

....

....

....

Schlüsselwörter unterstreichen

Wissen und Verstehen

Jeder Text gibt dir Informationen. Lies aufmerksam und genau. Markiere dabei die wichtigsten Wörter. Das sind die Schlüsselwörter.

Alle Insekten haben sechs Beine.

Üben 1 Lies den Text und unterstreiche die Wörter, die dir wichtige Informationen geben. Male dann den Fuchs in den richtigen Farben an.

Der Fuchs lebt im Wald. Sein Fell ist rotbraun. Er hat schwarze Füße und Ohren. Nur die Brust und die Schwanzspitze sind weiß.

Üben 2 Male auch diesen Rotflügelsittich in den richtigen Farben an. Lies dafür zuerst den Text und unterstreiche die wichtigen Wörter.

Der Rotflügelsittich hat etwa 4000 Federn. Am Kopf sind sie kräftig rot, am Körper gelb und schwarz. Die Flügel leuchten blau und die langen Schwanzfedern hellgrün. Der Schnabel des Vogels ist hellgelb.

Wissen und Verstehen

Durch genaues Lesen findest du heraus, in welcher Reihenfolge die Teile eines Textes stehen müssen.
Lies erst alle Teile. Suche dann die Überschrift. Überlege, mit welchem Satz der Text beginnt. Ordne dann die anderen Teile.

Üben

Entscheide, welches Bild zu welchem Text gehört. Schreibe die Nummer des Bildes in das Kästchen.

☐ Nach dem Schlüpfen hat die Kaulquappe einen rundlichen Kopf mit großen Augen. Mit ihrem langen Schwanz bewegt sie sich vorwärts.

☐ Zur Eiablage setzt sich das Froschmännchen auf das Weibchen und hält sich fest. Gemeinsam legen sie Tausende von Eiern, den Froschlaich.

1 Der Frosch

☐ Nach einigen Wochen wachsen als erstes die Hinterbeine. Der Körper ist noch ganz dick.

☐ Schließlich hat sich der Frosch fertig entwickelt. Er kann jetzt Luft atmen und das Wasser verlassen.

☐ Bald entwickeln sich auch die Vorderbeine, und der Schwanz bildet sich langsam zurück.

1 2 3 4 5 6

Passende Wörter einsetzen

Wissen und Verstehen

Du findest in einem Text auch Informationen, die dir helfen, fehlende Wörter zu ergänzen oder falsche Wörter zu finden. Dabei musst du gut aufpassen und mitdenken.

Üben

1 Lies den Text langsam und genau. Schreibe dabei die fehlenden Wörter in die Lücken. Drei Wörter bleiben übrig.

Wasser Eimer Kran Erde Schaufel

Stein Betonmischer Bagger

Auf der Baustelle

Durch das Loch im Bretterzaun gibt es viel zu sehen. In der Mitte der Baustelle steht ein hoher ……………………, der schwere Lasten hochheben kann. An der Seite bewegt sich langsam ein ……………………. Er hat schon ein tiefes Loch gegraben. Ein Laster bringt die ausgehobene …………………… weg. Der Maurer baut eine Wand. Er legt immer einen …………………… auf den anderen. Zwei Arbeiter halten einen Schlauch fest. Sie spritzen ihre Werkzeuge mit …………………… ab. Wann wird das Haus wohl fertig sein?

Falsche Wörter finden

Üben 2 Lies die Sätze aufmerksam und genau durch. Kreuze in jedem Kasten den richtigen Satz an.

Im Auto muss man sich immer anschnallen. ☐

Im Auto muss man sich immer abschnallen. ☐

Im Auto muss man sich immer umschnallen. ☐

Auf dem Schulhof können wir spielen und pennen. ☐

Auf dem Schulhof können wir schielen und rennen. ☐

Auf dem Schulhof können wir spielen und rennen. ☐

Babys können noch nicht stechen. ☐

Babys können noch nicht sprechen. ☐

Babys können noch nicht brechen. ☐

Ein Schneemann taut in der Sonne. ☐

Ein Schneemann schaut in die Sonne. ☐

Ein Schneemann taut in der Tonne. ☐

Üben 3 Decke den oberen Teil der Seite zu. Weißt du noch, welche Wörter richtig waren?

Was muss man im Auto tun? Sich ....

Was tun Kinder auf dem Schulhof? ....

Wo taut ein Schneemann? In der ....

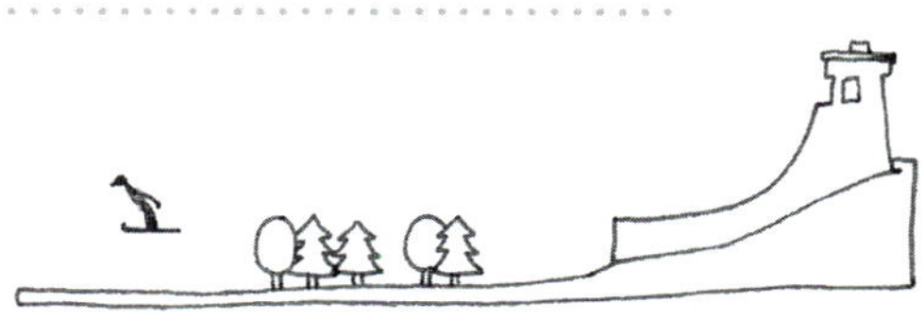

Eine Zeichnung vervollständigen

Üben 4 Lies zuerst den Text ganz genau. Male alles in den richtigen Farben an und zeichne dazu, was noch fehlt.

Bei Anton und Max

Das ist das Zimmer von Anton und Max.
Auf den Betten liegen blaue Decken.
Die Sterne auf der Bettwäsche sind gelb.
Am Fenster hängen hellgrüne Gardinen.
Auf dem Tischchen neben dem Bett steht ein Wecker.
An der Wand hängt ein Bild mit einem Schiff.
Neben dem Bett stehen Hausschuhe.
Auf dem Stuhl sitzt ein Teddy.
Unter dem Bett liegt ein Ball.
Antons Hose ist braun, die Hose von Max ist blau.
Beide haben einen roten Pullover an.
Ihre Autos sind rot, blau, schwarz und gelb.

Jetzt darfst du alles andere anmalen, wie du willst.

Wissen und Verstehen

Nicht alles, was du liest, stimmt. Lies deshalb immer aufmerksam und gründlich. Prüfe alle Informationen genau. Überlege dann, ob der Satz richtig ist oder nicht.

Üben 1 Lies jeden Satz genau. Kreuze an, ob er richtig ist oder nicht.

	richtig	nicht richtig
Ich hänge die Wäsche mit Wäscheklammern auf.	X	
Ich sauge den Teppich mit der Kaffeemaschine.		
Ich trockne das Geschirr mit einem Schal ab.		
Ich putze die Fenster mit einem Lappen.		
Ich gieße die Blumen mit Tee.		
Ich gehe zum Einkaufen mit einer Tasche.		
Ich füttere die Katze mit Marmeladenbrot.		
Ich bringe den Müll in meiner Sporttasche runter.		
Ich wische den Tisch mit einer Zahnbürste ab.		
Ich bügle die Wäsche mit dem Bügeleisen.		
Ich räume meine Autos in den Kühlschrank.		
Ich öffne die Haustür mit dem Schlüssel.		
Ich schneide das Brot mit dem Kamm ab.		

Text und Bild zuordnen

Üben 2 Auf den Kärtchen steht, was die Kinder in der Schule machen. Was tun sie im Klassenzimmer und was auf dem Schulhof? Verbinde mit dem richtigen Bild.

Ball spielen | lesen | ins Heft schreiben | Fangen spielen

frühstücken | Tafel putzen | Versteck spielen | rechnen

klettern | leise sein | schreien | sich melden | hüpfen

Können Bist du fit?

Kannst du in einem Text Informationen finden?

Der Schiedsrichter gibt seine Signale mit der Pfeife.

Die Schwimmerin schützt ihre Augen mit einer Schwimmbrille.

Der Wanderer erleichtert sich das Laufen mit einem Stock.

Der Läufer misst seine Zeit mit der Stoppuhr.

Die Mannschaft übt Freistöße mit dem Fußball.

Die Bobfahrer schützen sich mit einem Helm.

Die Turnerin übt neue Figuren mit den Schwungbändern.

Überlege:

- Habe ich aufmerksam und genau gelesen?
- Habe ich die wichtigen Wörter erkannt und unterstrichen?
- Kann ich mich an Einzelheiten erinnern?

Unterstreiche auf der Trainingskarte in jedem Satz den Gegenstand, mit dem jemand etwas tut.

Und womit hast du die Wörter unterstrichen?

☐ Bleistift

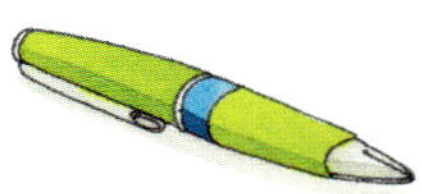

☐ Füller

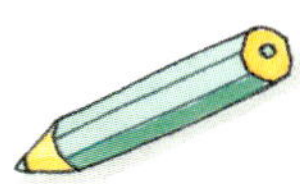

☐ Buntstift

Die richtige Antwort finden

Wissen und Verstehen

Damit du einen Text verstehen kannst, musst du entscheiden, was wichtig ist und was nicht. Wenn du die wichtigen Wörter unterstreichst, kannst du Fragen zum Text besser beantworten.

Üben 1

Lies den Text genau durch und unterstreiche die wichtigen Wörter. Kreise die richtige Antwort ein.

Fabian möchte Obstsalat für sein Geburtstagsfest machen. In der Küche liegen Äpfel, Bananen und Mandarinen. Seine Mutter sagt: „Du könntest auch Rosinen und Nüsse in den Obstsalat tun.“ Aber Rosinen mag Fabians Freund Lukas nicht.

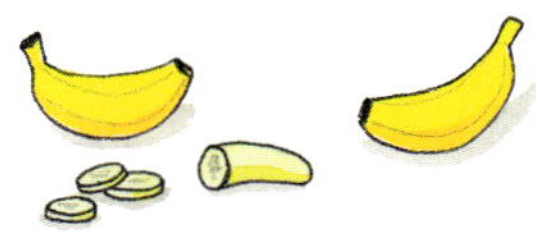

Macht Fabian den Obstsalat für seine Mutter?	ja	nein
Hat Fabian in der Küche Äpfel gefunden?	ja	nein
Möchte er Rosinen in den Obstsalat tun?	ja	nein

Welche Fragen zum Text könntest du noch stellen?

....

....

Warum will Fabian keine Rosinen nehmen? Schreibe eine Begründung für deine Antwort auf.

....

....

Üben 2 Lies den Text genau und beantworte die Fragen.

Die Klasse 2c ist heute auf den Sportplatz gegangen. Zuerst haben die Kinder Weitsprung geübt. Miriam ist am weitesten gesprungen. Danach sind alle um die Wette gelaufen. Die schnellsten Läufer waren Daniel und Paul. Sie kamen genau gleichzeitig ins Ziel.

Welche Klasse war heute auf dem Sportplatz? ....

Welche Sportart kam zuerst dran? ....

Wer ist am weitesten gesprungen? ....

Welche Kinder sind am schnellsten gelaufen? ....

Üben 3 Lies den Text genau durch und beantworte die Fragen.

Auf dem Rückweg hatte Daniel Pech. Er stolperte auf dem Zebrastreifen und schlug das Knie auf. Zum Glück hatte der Sportlehrer Pflaster dabei. Die anderen Kinder haben Daniel getröstet. Als sie wieder in der Schule ankamen, tat das Knie schon nicht mehr weh.

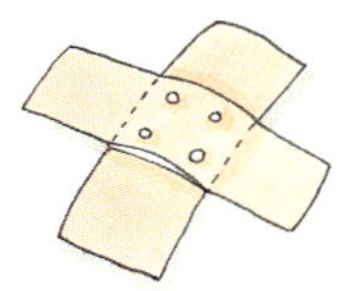

Wer ist auf dem Rückweg gestolpert? ....

Welchen Körperteil hat er sich verletzt? ....

Wer hat ihn getröstet? ....

Hatte er den ganzen Tag Schmerzen? ....

Was hatte der Sportlehrer dabei? ....

Die richtige Antwort auswählen

Üben 4 Lies den Text ganz genau. Welche der Sätze unten sind richtig? Kreuze immer einen an.

Am Nordpol
Der Eisbär lebt am Nordpol. Dort liegt das ganze Jahr über Eis und Schnee. Unter seinem dichten Fell hat er eine dicke Fettschicht, die ihn vor der Kälte schützt. An den Fußsohlen hat er Haare, damit er auf dem Eis nicht ausrutscht. Den kalten Winter verbringt er in einer Schneehöhle. Alle drei Jahre bringt die Eisbärin ein oder zwei Junge zur Welt. Sie kümmert sich noch zwei Jahre um die Kleinen.

Eisbären leben am Südpol. ☐
Eisbären leben am Nordpol. ☐

Eisbären sind durch kräftige Muskeln vor Kälte geschützt. ☐
Eisbären sind durch eine dicke Fettschicht vor Kälte geschützt. ☐

Die Eisbärmutter bringt alle drei Jahre ein oder zwei Junge zur Welt. ☐
Die Eisbärmutter bringt alle ein oder zwei Jahre ein Junges zur Welt. ☐

Die Eisbärkinder bleiben noch zwei Monate bei der Mutter. ☐
Die Eisbärkinder bleiben noch zwei Jahre bei der Mutter. ☐

In der kalten Zeit sucht sich der Eisbär eine Erdhöhle. ☐
In der kalten Zeit sucht sich der Eisbär eine Schneehöhle. ☐

Eisbären haben Haare an den Fußsohlen. ☐
Eisbären haben weiche Polster an den Fußsohlen. ☐

Wissen und Verstehen

Um einen Text zu verstehen, musst du beim Lesen mitdenken. Oft hilft es, sich vorzustellen, wie die Person im Text sich fühlt oder warum sie etwas gesagt oder getan hat.

Üben

Lies den Text. Wenn du beim Lesen gut mitdenkst, kannst du die Fragen unten leicht beantworten. Kreuze das passende Wort an.

Auf dem Heimweg
Tobias und Klara gingen zusammen von der Schule nach Hause. Sie unterhielten sich über das Diktat, das sie heute zurückbekommen hatten. „Du hast ja schon wieder eine 3 geschrieben, ich habe wie immer eine 1", sagte Tobias. Klara hatte Tränen in den Augen. „Macht doch nichts, dafür bin ich in Mathe viel besser als du", antwortete sie.

Wie fühlte sich Klara?

fröhlich ☐ traurig ☐ müde ☐

Wie fand sie das, was Tobias sagte?

gemein ☐ nett ☐ langweilig ☐

Und wie findest du das, was Tobias gesagt hat? Schreibe deine Meinung hier auf und begründe sie auch.

....

....

Wie könnte die Geschichte weitergehen?

Sätze ordnen

Wissen und Verstehen

Wenn du die Teile eines Textes richtig ordnen willst, musst du den Text zunächst ganz lesen. Dann findest du heraus, in welcher Reihenfolge die Sätze stehen müssen.

Üben 1 Lies die Sätze. Schreibe dann die Nummern 1 bis 4 in die Kästchen.

Zwei gute Freunde

- ☐ Meistens laufen sie langsam und gemütlich zur Schule.
- ☐ Nach der Schule können sie auch immer zusammen nach Hause gehen.
- ☐ Jeden Morgen holt Benjamin seinen Freund Markus um acht Uhr ab.
- ☐ Dann gehen sie ins Klassenzimmer zu ihrem Gruppentisch.

Üben 2 Lies, was die beiden Freunde nach der Schule machen. Schreibe die Nummern 5 bis 9 in die Kästchen.

- ☐ Abends verabreden sie sich schon wieder für den nächsten Tag.
- ☐ Auf dem Heimweg beeilen sie sich, weil sie meistens großen Hunger haben.

- ☐ Fast jeden Nachmittag spielen sie zusammen.
- ☐ Nach dem Mittagessen machen sie ganz schnell ihre Hausaufgaben.
- ☐ Manchmal treffen sie sich auch mit anderen Kindern.

Können – Bist du fit?

Kannst du einen Text verstehen?

Die Reitstunde

Jeden Dienstag geht Katja zum Reiten. Sie freut sich immer darauf, denn das Reiten macht ihr großen Spaß. Es ist auch immer wieder aufregend. Ganz besonders liebt sie das Pony Schneeflocke. Vor dem großen schwarzen Pferd Blitz hat sie ein bisschen Angst. Nach ihrer Reitstunde ist sie immer ziemlich erschöpft, aber sehr fröhlich.

Überlege:

- Habe ich langsam und genau gelesen?
- Habe ich wichtige Wörter unterstrichen?
- Habe ich mir gemerkt, was ich gelesen habe?
- Kann ich mir alles vorstellen?

Unterstreiche in dem Text auf der Trainingskarte alle Stellen, an denen du etwas über Katjas Gefühle erfährst.

Du hast ein ganzes Kapitel durchgearbeitet. Wie fühlst du dich jetzt?

Abschlusstest

Lies zuerst den Arbeitstext. Bearbeite dann jede Testaufgabe.
Kontrolliere deine Ergebnisse im Lösungsheft.
Male zu jeder Aufgabe nach der Kontrolle die Ampel so an:

 Hier ist alles richtig.

 Ich habe noch einige Fehler gemacht.

 Das übe ich noch einmal.

Geschafft!
Annika will heute vom Einmeterbrett springen. Sie steigt langsam die Treppe hoch. Ein bisschen Angst hat sie schon. Ganz vorsichtig wagt sie sich auf das Brett. Sie holt tief Luft, hält sich die Nase zu und springt. Wie das spritzt! Stolz steigt Annika aus dem Wasser. Super war es!

Aufgabe 1 Beantworte die Fragen. Kreuze an.

Was wollte Annika heute im Schwimmbad tun?

☐ vom Rand ins Wasser springen

☐ vom Einmeterbrett springen

☐ vom Dreimeterbrett springen

Wie ist sie auf das Brett gegangen?

☐ mutig

☐ schnell

☐ vorsichtig

Hat sie ihren Sprung geschafft? ☐ ja ☐ nein

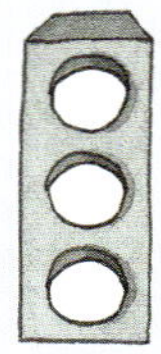

Wie fühlte sie sich hinterher?

☐ stolz

☐ erleichtert

☐ erschöpft

siehe Seite 103

Aufgabe 2 In jedem Satz ist ein Wort zu viel. Streiche das falsche Wort durch.

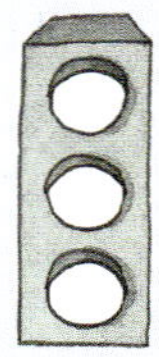

Heute war Annika im nass Schwimmbad. Sie wollte

kein endlich einmal vom Sprungbrett springen.

Vorher war sie Angst ein bisschen aufgeregt.

Aber sie traute sich trotzdem zu rennen springen.

Danach konnte war sie sehr stolz und fröhlich.

siehe Seite 89

Aufgabe 3 Bilde aus den Wortkarten einen Satz und schreibe ihn auf.

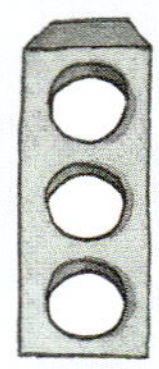

geht | Annika | das | Schwimmbad | in

....

Einmeterbrett | heute | will | sie | springen | vom

siehe Seite 54

....

Abschlusstest

Aufgabe 4 Setze die richtigen Satzschlusszeichen.

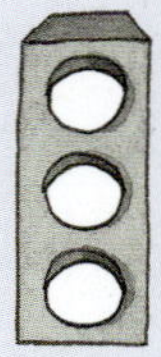

Kannst du vom Einmeterbrett springen

Huch, ist das nass

Annika wagt sich auf das Brett

Wann hast du schwimmen gelernt

siehe Seite 29

Aufgabe 5 Schreibe die Wörter auf.

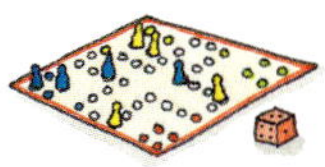

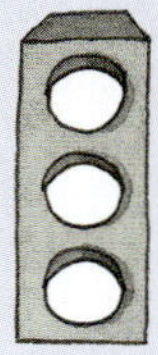

siehe
Seite 36, 37

Aufgabe 6 Ergänze die Silbenbögen. Schreibe das Wort in Silben gegliedert auf.

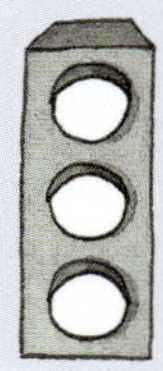

Einmeterbrett ....

Treppenstufen ....

Umkleidekabine ....

Schwimmweltmeisterschaft ....

....

siehe
Seite 11, 12

Aufgabe 7 Welche Wörter sind Nomen, welche sind Verben und welche sind Adjektive? Kreuze an.

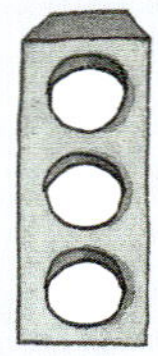

Nomen	Verb	Adjektiv
ANGST ☐	klettern ☐	hoch ☐
WASSER ☐	schwimmen ☐	rennen ☐
SPRINGEN ☐	stolz ☐	mutig ☐
TIEF ☐	wütend ☐	regnen ☐

siehe Seite 27

Aufgabe 8 Bilde zusammengesetzte Nomen. Verbinde und schreibe sie auf.

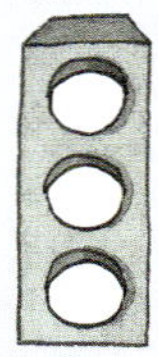

das Wasser	der Rand
das Becken	der Sprung
der Start	die Schlacht
der Kopf	der Block

....

....

....

....

siehe Seite 19

Aufgabe 9 Trenne die Wörter ab. Schreibe den Satz richtig auf.

annikasteigtlangsamdietreppehochundspringt

....

....

siehe Seite 54

Aufgabe 10 Markiere in den Wörtern den betonten kurzen Vokal mit einem Punkt •, den langen Vokal mit einem Strich __.

Wasser schwimmen Brett mutig hoch

Nase Treppe geschafft tief stolz

super strafen helfen hell Hase hassen

siehe Seite 43

Aufgabe 11 Welches Wort reimt sich nicht? Streiche es durch.

Brett	straffen	Tasse	Kanne
Bett	raffen	Kasse	Kahn
Beet	strafen	Käse	Pfanne
nett	schaffen	Masse	Tanne

siehe Seite 44

Aufgabe 12 In jeder Reihe passt ein Wort nicht. Streiche es durch.

schwimmen sitzen planschen tauchen

Sprungbrett Bademeister Auto Badehose

nass vorsichtig ängstlich langsam

siehe Seite 71

Aufgabe 13 In deinem Arbeitstext sind Wörter falsch geschrieben. Sie sind durchgestrichen. Schreibe sie richtig auf die Linien.

Geschafft!

Annika ~~wil~~ .... heute vom Einmeterbrett

~~schpringen~~ .... Sie steigt langsam die

~~Trepe~~ .... hoch. Ein bisschen ~~angst~~

.... hat sie schon. Ganz ~~Vorsichtig~~

.... wagt sie sich auf das Brett. Sie holt

~~tif~~ .... Luft, hält sich die ~~Nasse~~ ....

zu und springt.

~~wie~~ .... das spritzt! Stolz steigt Annika

aus dem ~~wasser~~ .... Super war es!

siehe Seite 32–55

Fachbegriffe

Selbstlaut	Vokal	a, e, i, o, u
Mitlaut	Konsonant	b, c, d, f ...
Umlaut		ä, ö, ü
Doppellaut		ei, ai, au, äu, eu

Namenwort	Nomen, Substantiv	Ball
Artikel	Begleiter	der, ein
Einzahl	Singular	der Ball
Mehrzahl	Plural	die Bälle
Fürwort	Pronomen	er, sie, es
Tuwort, Tunwort	Verb	er übt
Grundform des Tuworts		üben
Wiewort	Adjektiv	groß

Aussagesatz		Sie spielt Ball.
Fragesatz		Spielt sie Ball?
Ausrufesatz		Tor!